倭・倭の五王

神話の世界から律令国家成立へ

山崎震一

22世紀アート

三韓の地図（Wikipediaより）

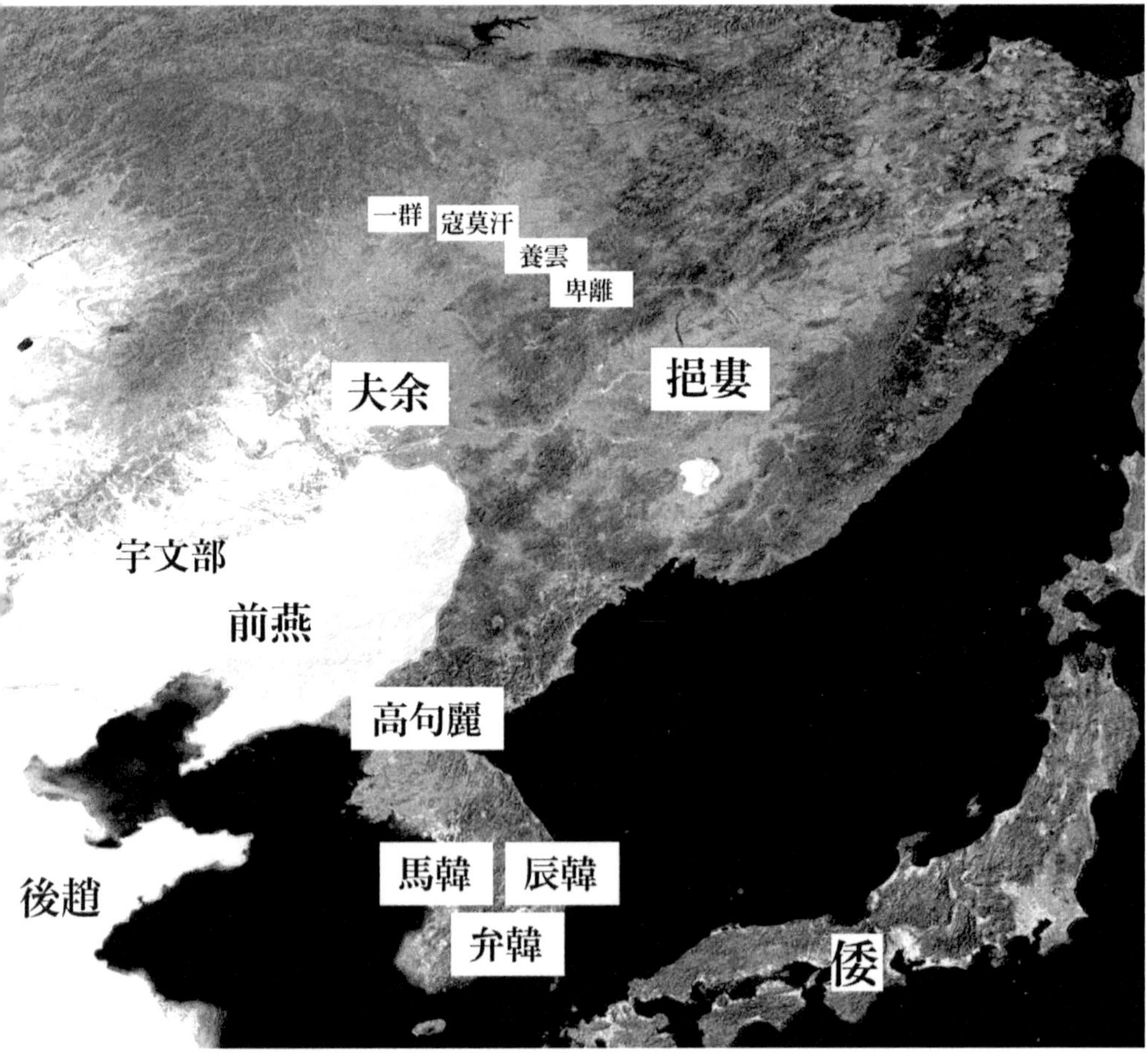

4世紀頃の三韓諸国周辺

はじめに

倭の古代史、倭の五王を調べてみると、東アジア、朝鮮半島との密接な関係が浮かびあがってくる。日本には、中国南東部から朝鮮半島を経て、また、直接小舟を使って、アイランドホッパー的に食料を求め、そして、侵入者から逃れるために、集団で流入してきたのである。

平成二十二年（二〇一〇年）九月七日ＮＨＫ（ＢＳ３）、世界遺産一万年の叙事詩の中では、曾畑式土器が紹介されていた。この土器は屋久島を中心とした朝鮮半島南部から沖縄本島まで、南北九五〇キロメーターに及ぶ東シナ海沿い、楕円形の中の広大な地域で、曾畑式土器文化圏があったとし、屋久島の一湊松山遺跡からは、土器や数多くの丸木舟が出土したと紹介していた。そこに、倭種、倭人の姿を見るのである。

その歴史の変遷・興亡について、われわれ現代人は、周辺国家とのつながりで、政治面・親善関係上、歴史を知り、理解しておくことが大切である。

ほぼ五十年前（一九七二年三月）になるが、明日香村・高松塚古墳から、みごとな壁画が発見され、世間に大きなインパクトを与えた。そして、その発見を契機にして、日朝関係の歴史が再び脚光をあびたのである。歴史を知り、現代を考える、そこに明るい将来、未来が開ける。

英国の偉大な首相（宰相）であった、サー・ウインストン・チャーチルの言葉に、「過去をより遠くまで振り返ることができれば、未来もそれだけ遠く見渡せるだろう」とある。

時代がさがるが、中国の正史、三世紀に書かれた『三国志』（巻三十・魏書三十・烏丸鮮卑東夷伝、倭人の条）魏志倭人伝や、四世紀になって書かれた『後漢書』（巻八十五・東夷伝列伝）には、その時々に、朝鮮南部の国々や倭が冊封を求め、朝貢をしたとある。

朝鮮南部の国、三韓と言われた国々、『三国志』韓伝には、「韓は帯方郡の南にあって、東西は海まで続いている。南は倭と接している。三種類に分かれていて、馬韓、辰韓、そして弁韓という。辰韓は昔の辰国のことである。馬韓は西に位置しているとある。

この倭はむろん日本列島の倭国のことではなく、南朝鮮にあった倭種の居住地帯のことである。そうしてこの倭は弁辰のうちの「瀆盧国《とくろ》と界を接していた」というから、倭もまた辰韓・弁辰グループに入っていたことになる。げんに「辰韓人の男女は倭に近く、また文身《いれずみ》している」と東夷伝は書いている」『清張通史2　空白の世紀　松本清張』、講談社、P62。

松本清張はまた、「三世紀半になって、百済と新羅のあいだにあって、弁辰（弁韓）と書かれた南朝鮮の海峡に面した中央部も一つにまとまった。これが問題の「伽耶《かや》」とか、「加羅」とか「任那」とか呼ばれる地域である。辰韓が十二国、弁辰が十二国、馬韓が五十余国に分かれ、また、それぞれに小別邑《べつゆう》があった。百年後の四世紀半では、それぞれ地域ごとに統合して朝鮮南半部の東部に新羅、中央に加耶（いちおう書いておく）、西に百済となった。辰韓は馬韓の東方にある。辰韓の老人たちは、代々こう言い伝えている。昔、中国の秦の代に、労役を避けて韓国に逃げてきたものがいて、馬韓が、東部の地域を割いてその人々に与えた。それが我々である。そして、四世紀ごろ、馬韓の地に北から扶余族が入り、土着民を統一して百済をつくり、それよりおくれ辰韓に入った扶余族も、新羅を建国した。そして、加那国に「国家」らしい統一が最後までなかったのは、そこが倭国に移って政権をつくった扶余族の旧地で、その支配権を倭国がにぎっていたからに、ほかならぬとある。また、時代が遡るが、津田左右吉はその著、『古事記及び日本書紀の研究［完全版］』の中で、弁韓の一国に狗邪国があって、それがツクシ、帯方間の中継地点、ツクシ船の停泊所であったが、それはすなわちのちに加羅（任那）としてわが国に知られた今の金海市である。『晋書』を見ると、武帝の時代（二六五年〜二八九年）に馬韓、辰韓貢献の記事があるから、この状態は三世紀の終わりまで同様であったと想像せられるとある。

任那日本府の名称について、『古代朝鮮』著者、井上秀雄は、五九七年に百済が大和朝廷に国交の再開を求めるため、大和朝廷に迎合する歴史書『百済本記』を記述する際に作った語句である。朝鮮古代史側からいえば、大和朝廷の朝鮮南部侵略を認めなければならない根拠はない」とある。松本清張はまた、「そのようなしだいで、倭国が加那または任那の地に行き、土着民を征服してこれを植民地化したのではなく、倭国に渡ってきた扶余族の残存勢力が、その地域に前から居住していた倭種と共存していたのである。いわば本国（倭国）と分国（任那）の関係だったと考えられる。

そして、『騎馬民族国家』の著者、江上波夫は、「四世紀後半から五世紀の初めの倭の五王の時代には、「倭韓連合国家」の存在をそこにみるのである」とある。「讃から武までの五人の倭王による四二一年から四七八年までの十回にわたる宋との外交を通して、高句麗・百済の影響のもと、宋での将軍府の幹部を表す長史・司馬・参軍などの符官号、さらには将軍号・郡太守号を受けているのである」と結んでいる。

倭の五王の一字名について、「倭の五王」、讃、珍、済《せい》、興、武の五王の一字名は、現代の日本人にとって、まったくなじみがない。しかし、衛氏朝鮮（紀元前一九五年?～前一〇八年）の最初の国王は、中国の燕に出目を持つ中国人亡命者である衛満（『史記』及び『漢書』には名のみ「満」と記し、一字名である。『古代朝鮮』著者、井上秀雄は最初の朝鮮王となった、衛満の衛氏の「衛」はその字義に国境・辺縁などという意味があり、その姓氏が不明なためにこの字を借用したとある。四七二年に北魏に出した百済王慶（蓋鹵王《こうろ》）の上表文によると、自分たちはもと高句麗と同じ扶余の出であると述べている。

目　次

第一章　倭の時代から邪馬台国へ

日本の歴史は、旧石器時代、縄文時代、弥生時代、古墳時代へと続く。そこに登場する日本人は縄文人、弥生人だが、中国の歴史書を紐どくと、倭人、倭国が登場する。当時から中国はアジアの宗主国でもあり、周囲の国々は冊封体制を求めて朝貢していた。

「中国の歴史書、王充により一世紀になって書かれた『論衡』巻一九恢《かい》国篇に、「倭」「倭人」について、「周の時、天下太平にして、倭人来たりて暢《ちょう》草を献ず、成王の時、越裳《じょう》は雉を献じ、倭人は暢《ちょう》草を貢す。白雉を食し、鬯《ちょう》草を服用するも、凶を除くあたわず」とある。倭に関する最古の文献である。周の成王とは、紀元前一一一五年から前一〇七九年の頃（日本では縄文時代）の話であり、中国南部に定住していた、越人の中の倭人をさすと思われる。越人は単一の民族ではなく、百越と呼ばれていた。この越族の中に、倭人が含まれていた」。張　莉、（立命館大学白川静記念東洋文字文化研究所・第七號抜刷、「倭」「倭人」について、Ｐ３４。

注：ウィキペディアには、成王の在位は前一〇四二年～前一〇二一年とある。

『山海經《せんがいきょう》』について、「時代がよくわからないが、最古の地理書と言われている。［山海經］にも、「倭」が登場する。燕《えん》の楽毅将軍が活躍した戦国時代（紀元前七七一年―前二二一年）である。この頃の朝鮮半島では、北側に燕、中央に蓋《がい》国、南側に倭があった。「蓋国は鉅燕《きょえん》の南にあり、倭の北で、倭は燕に属す」とある。倭は燕に朝貢していたと思われる。この倭は、朝鮮半島にいる民族集団である。時代的にみて、恐らくは、南越から移ってきた倭人の事と思われる」。また、［山海經］には、「東方の海中に「黒歯国」（筆者、沖縄諸島？）があり、その北に「扶桑」が生える太陽が昇る国がある」。

注：「扶桑」は神木、または、その地の称で、日本では、と言われている。

張　莉、立命館大学白川静記念東洋文字文化研究所・第七號抜刷、「倭」「倭人」について、Ｐ３４、Ｐ３５。

注：「燕」は中国古代、戦国七雄の一つ、始祖は周の武王の弟、召公奭《せき》、今の河北・東北南部・朝鮮北部を領し、薊《けい》（北京）に都し、四十三世で、秦の始皇帝に滅ぼされた。（―前２２２年）、ウィキペディア、２０２１年１１月１７日（水）

徐福伝承：「斉国出身の人である徐市らが上書して言うには、『海中に三神山あり、名を蓬萊、方丈、瀛州《えいしゅう》といい、仙人がすむ。斎戒と童男女を得るを請い求める』と。よって徐市に童男女数千人を集めさせ、仙人を求めて出港させた。『史記』巻六「秦始皇本記第六」、ウィキペディア、２０２１、１２、２（日）。

日本各地には徐福の渡来伝説が日本各地に伝えられているが、佐賀市観光協会の観光情報には、徐福――不老藤を求めた浪漫の旅人――として、「始皇帝の命を受け、３０００人の童男童女と多くの技術者を従え、五穀種を持って、東方に船出したとある」。

（１）倭人について

「『論衡』の倭人は、中国南方の民族であり、『山海經』の「倭」は、朝鮮半島内に住む民族であり、『漢書』王莽傳における東夷王は、日本の地に住む倭王である。これらの記述から浮かび上がるのは、倭人は、中国南方から朝鮮の地を経て、日本の地に至る民族の移動である。筆者（張　莉、筆者）は、呉越人中の倭人の集団が、ある時には直接九州に渡来しており、またある時には朝鮮を経由して渡来しているものと考える。

『三国志』魏書烏丸鮮卑東夷傳倭人条（以下、通説に従い『魏志』倭人傳と表記する）にあるように、

「鯨面文見」や「貫頭衣」の習慣が中国南部と同じであり、それらは中国の倭人が直接九州にやってきた証である。中国から直接九州にやってきた倭人の領域に、朝鮮の地で集団を形成した倭人が何度も押し寄せたのだと思われる」。この流れの中で、日本に稲作を定着させたのだろう（筆者）。張　莉、（立命館大学白川静記念東洋文字文化研究所・第七號抜刷、「倭」「倭人」について、P35、36。

注：『三国志』：三国志《さんごくし》（三國志）は、中国の後漢末期から三国時代にかけて群雄割拠していた時代（180年頃―280年頃）の興亡史であり、蜀・魏・呉の三国が争覇した三国時代の歴史を述べた歴史書でもある。撰者は西晋の陳寿（233年―297年）。西晋の陳寿の撰（二三三～二九七年）、のちの南朝宋の裴松之《はいしょうし》、（三七二～四五一年）が、補注を付けた。

また、魏志倭人伝には、倭人は帯方郡の東南の大海の中にあり、山の多い島のうえに国や邑《むら》をつくっている。もとは百あまりの国があり、その中には、漢の時代に朝見に来たものもあった。いまは使者や通訳が、往来するのは三十国とある。「不思議なことに、中国人は「倭」のことを「倭人」と記している。つまり、韓国のことや他の国については『韓伝』と記載しているにもかかわらず、「倭」についてば『倭人伝』と記している。～、「倭奴国」が登場する以前は、「漢のとき百余国」と記されているように、日本列島から朝鮮半島に跨って数多くの小さな国（村落）に分かれており、それらをまとめて統率するだけの「力」を持った強大な王様が出来ていなかったために、はっきりとした国名もなく「倭の人

＝倭人」と呼んでいたのではないだろうか?·それとも「楽浪海中倭人あり」の文面にみられるように、もしかすると「倭人」そのものを国名と考えていたのかもしれない」。『霧の中の古代　邪馬台国の謎に迫る』なかにし　とおる著、熊本出版・文化会館、P157。

「『魏志』倭人傳の文面に倭人が周の身分の一つである「大夫」と自称しているとの記述があるのは、周から呉地に移り住んだ呉の太伯の子孫が倭人の系譜につながることを倭人が述べているものである。また、『魏志』倭人傳には、「有無する所、儋《たん》耳・朱崖と同じ」とある。儋耳・朱崖は中国海南島の地名である。〜〜、『漢書』地理志粤《えっち》地条の儋耳・朱崖の記事に「民皆布を服し、単被の如く、中央を穿ち頭を貫く。男子は禾稲紵麻を耕農し、女子は桑蚕織績す。馬と虎亡く、山に麈麖《じんけい》多し。兵は即ち矛・盾・木弓・弩・或いは骨をして鏃《やじり》と為す」とある。即ち、この地の倭人が、直接九州に渡来した証でもある」。張　莉、（立命館大学白川静記念東洋文字文化研究所・第七號抜刷、「倭」「倭人」について、P41。

「さて、ここで気づくのは『論衡』の「倭人」は中国南方の民族であり、『山海経』の「倭」は朝鮮半島内に住む民族であり、『漢書』王非伝における「東夷王」は日本の地に住む倭王であることである。こ れらの記述から浮かび上がるのは、倭人の中国南方から朝鮮の地を経て、日本の地に至る民族の移動である。筆者は、呉越人中の倭人の集団がある時には直接九州に渡来しており、またある時には朝鮮を経由して渡来しているものと考える。〜、「鯨面文身」や、「貫頭衣」の習慣が中国南部と同じであり、それらは中国の倭人が直接九州にやってきた証である。中国から直接九州にやってきた倭人の領域に、朝鮮の地で集団を形成した倭人が何度も押し寄せたのだと思われる」。張莉、(立命館大学白川静記念東洋文字文化研究所・第七琥抜刷、「倭」「倭人」について、P35、P36。

「雲南民族の傣族《タイ》、哈尼族と長江流域から北東の日本に至った倭人には文化の上での多くの共通性が指摘されている。稲、高床式の建物、千木《ちぎ》、村の入り口に鳥の木彫りを載せた門(鳥居の原型と言われている)、納豆・蒟蒻《こんにゃく》・餅・赤飯の食用・下駄・貫頭衣(呉服にその名残がある)などである。春秋時代の呉越戦争、戦国時代の楚の侵攻による越の滅亡、さらに秦や漢による中国統一のための侵略により、越族のうちあるものは中国南部や現在のベトナム、ラオス、ミャンマー、タイに逃れ、またあるものは朝鮮・日本へと逃れていった。その人たちが、日本に稲作をもたらし、倭人と称したのだろう。」張　莉、(立命館大学白川静記念東洋文字文化研究所・第七號抜刷、「倭」「倭人」について、P36。

注：千木《ちぎ》、日本神話に、「高天原に氷椽《ひぎ》(千木と同じ、破風の先端が延びて交差した二本の木)たかしりて座しましき、」とある、また、伊勢神宮、出雲大社などにも、千木を掲げた神社が見られる(筆者)。

（2）時代の流れ

中国史書から、

[漢書]王莽《ぼう》傳（元始四年（紀元四年）の記録）には、東西南北の国が貢献する中で、「東夷王は大海を度《わた》り、国珍を奉ず」の一文がある。～～、「度大海」とあるから、この「東夷王」は、日本の地に住む倭の王であろう。～、ただし、この国珍が何であるかは分からない。また、[漢書地理志]には、紀元前1世紀頃の倭について、「夫れ楽浪海中に倭人あり、分かれて百余国を為す、歳時を以て来り献見す」とある。1世紀になって書かれたもので、中国の前漢時代（おおよそ紀元前一〇〇年から紀元二十年位）のことが書かれている。張　莉、(立命館大学白川静記念東洋文字文化研究所・第七號抜刷、「倭」「倭人」について、P35。

注：[漢書]は二十四史の一つ、前漢のことを記した歴史書（西暦八十二年とされる）。中国後漢の章帝の時に、班固、班昭らにより編纂された。日本では、弥生時代である。筆者。

紀元九年：前漢滅亡。王莽の「新」となる。王莽の貨幣は日本では、壱岐・福岡県糸島郡前原町・大阪市住吉区などから出土している。「新」と倭国との交流を示している。筆者、紀元二十五年：光武帝即位。後漢の建国。

後漢書（巻八十五・東夷列伝）から、
「建武中元二年（五十七年）、倭の奴国〔の使者〕、貢《みつぎ》を奉《ささ》げて朝賀す。使人は自《みずか》ら大夫《たいふ》と称《とな》う。〔倭の奴国は〕倭国の極南界なり。光武は賜うに印綬を以ってす」。『倭国伝　中國正史に描かれた日本（全訳注）』藤堂明保ら、Ｐ27、Ｐ28、

この「金印「漢委奴国王」の「委奴」は「倭人」を卑下して言った言葉であると思われる。したがって、中国からすれば「委奴国」という表現は、まだ大きな国としては認めにくいが、辺境に住みいくらかの国を統合した委奴＝倭人の国として認めることを表している」。張　莉、（立命館大学白川静記念東洋文字文化研究所・第七號抜刷、「倭」「倭人」について、Ｐ40。

注：この金印「漢委奴国王」は、後漢の光武帝が、委奴国王に渡した故印（古い印鑑）で、江戸時代に福岡県（博多湾）の志賀島から出土した。

後漢書（巻八十五・東夷列伝）から、
「安帝の永初元年（紀元一〇七）、倭の国王師升《すいしょう》らは、生口（奴隷）百六十人を献上して、皇帝の謁見を願ってきた」。（倭国の王は、出先機関の楽浪郡にではなく、後漢の都の洛陽にまで使者を派遣し、朝貢していたのである。筆者）。『倭国伝　中国正史に描かれた日本』全訳注　藤堂明保・竹田晃・影山輝

国、講談社学術文庫2010、P32、

『後漢書』の著者、范曄（三九八～四四五）は、「なぜ「ヤマタイコク」の「タイ」の音に「臺」を使用したのだろうか。第一にそれは、『後漢書』の「倭在韓東南大海中、依山島為居」の「山島」に「臺」があることを示しているからである。我々はこの「臺」と同意の表記を「台（臺）湾」に見ることができる。「邪馬臺国」「台（臺）湾」とともに、山島に在る「臺」が国の地理的状態を語るものである。第二に「臺」字が、その当時「臺」は、卑字であったからである。この臺は魏の時代（二二八―二六五）の時代は貴字であったが、范曄の時代には、卑字となっていた」。張　莉、（立命館大学白川静記念東洋文字文化研究所・第七號抜刷、「倭」「倭人」について、P45。

注：【後漢書】東夷列伝の方が、扱う時代が古いが、[三国志]魏志倭人伝の方が先に書かれた。筆者、「「倭奴国」が倭奴＝倭人の国であることを述べたが、その意味で「倭奴国」は後の「倭国」と同意である。～～、また、【後漢書】東夷列伝倭条の冒頭の「依山島為居」は「邪馬＝山」の意を伝えたものとして解釈できる。「邪馬壹《い》（い）国」は日本名で「ヤマ」と称される倭人の住む国を指すことになる。張　莉は、この「ヤマ」を「邪馬壹国」の成立のはるか以前の北九州の地名であったと考える」。張　莉、（立命館大学白川静記念東洋文字文化研究所・第七號抜刷、「倭」「倭人」について、P44、

張　莉の「倭」「倭人」についてのあとがきに、「中国の古文献は、一字一句にすべて意味があり、使用する漢字についてもすべて推敲を重ねて最適な意味をもたせようとしている。したがって、まず原文を読み解釈することが先決で、文字に誤りがあるならその根拠を表示すべきである。また、中国の歴史書を古いものを参考にして新しいものが書かれ、過去の文献の意味を名称の微妙な変更によって、指し示していく傾向があることを本稿で表した」。張　莉、（立命館大学白川静記念東洋文字文化研究所・第七號抜刷、「倭」「倭人」について、Ｐ５１。

時代が下がるが、『隋書』倭国伝には、「倭国は百済・新羅の東南にある、水陸三千里、大海の中において、山島によって居る。魏の時、訳を中国に通ずるもの三十余国、みなみずから王と称した。夷人は里数を知らず、ただ日をもって計った。その国境は五月の行程で、南北は三月の行程で、おのおの海に至る。その地勢は、東が高くて西が低く、邪靡堆（ヤマト・邪馬台）に都する、すなわち、『魏志』のいわゆる邪馬台というものである。古からいうには「楽浪郡（いまのピョンヤン付近）の境、及び帯方郡（いまのソウル付近）を去ることならびに一万二千里であって、会稽（浙江紹興）の東にあり、儋耳（広東儋県）と互いに近い」と。漢の光武帝（後漢第一代、二五—五七在位）の時、使を遣わして入朝し、自ら大夫と称した。安帝（後漢第六代、一〇六～一二五）在位のとき、また使を遣わして朝貢した。これを倭の奴国という。桓帝（後漢第十一代、一四七～六七在位）・霊帝（同十二代、一六八～八八在位）の間、その国が大いに乱れ、互いに攻伐し、暦年、主がなかった。女子がおり、名は卑弥呼、よく鬼道をもって衆を惑わした。ここにおいて、国人は共に立てて王とした。男弟がおり、卑弥〔呼〕をたすけて国をおさめた。その王には、侍婢が千人おり、その面《かお》を見るものはまれである。ただ男子二人がいて、王に飲食を給し、言語を伝える。その王に宮殿・楼観・城柵があり、みな兵器をもって守衛し、法をなすことははなはだ厳重である。」『新訂　魏志倭人伝・後漢書倭伝　宋書倭国伝・隋書倭国伝　中國正史日本伝（1）』、石原道博編訳、P95、P96、

注：『隋書』：中国二十四史の一つ、隋代の歴史を記したもので、唐の太宗の勅により魏徴・長孫無忌らが選、六三六年、帝紀五巻、列伝五十巻が成立。

注：倭国大乱、「桓帝・霊帝の治世の間、倭国は大いに乱れ、互いに攻め合い、何年も主がいなかった」、卑弥呼が邪馬台国の女王になったことで、鎮まった。日本の青谷上寺地遺跡からは、日本列島で大乱が起きたことを示す痕跡が見つかっている。平成十年（一九九八）から三年余りかけて行われた発掘調査では、百人以上の人骨約五千三百点が出土し、そのうちの百十点に殺傷痕が確認されている。『日本の古代史、発掘・研究最前線』、監修／瀧音能之、TJmook 宝島社、P30、

この邪馬台国について、津田左右吉は『古事記及び日本書記の研究』の中で、倭人傳の「邪馬台国が

ツクシの地域にあり、そうして奴国や不弥国より南方にあった、ということは、『魏志』の記載による限り、もはや疑いはないと思うが、しからばそれは今のどこであったろうかというに、地名から考えると、それを筑後の山門郡とする説に従うのが穏当であろう。『古事記及び日本書紀の研究［完全版］』津田左右吉、毎日ワンズ、P348、

『後漢書』（巻八十五・東夷伝列伝）、倭について、藤堂明保ら（現代語訳）には、「前漢の武帝が衛氏朝鮮を滅ぼした後、漢に通訳と使者を派遣してきたのは、そのうち三十ほどである。それらの国の首長は、それぞれ王を名乗り、王は世襲制である。その大倭王は邪馬台《と》国に住んでいる。楽浪郡（郡治は平城）の境界は拘邪韓国から一万二千里離れており、また邪馬台国の西北の境界にある拘邪韓国から七千里余り離れている。倭の地は、ほぼ中国の会稽群・東冶《や》県の東方に位置し、朱崖（海南島、筆者）・儋《たん》耳とも近い。そのため倭の制度や風習は、朱崖・儋耳と同じものが多い。倭の土地は、稲・麻・養蚕に適しており、倭人は糸をより、布を織ることを知っていて、絹布をつくっている。倭の地からは白珠や青玉を産出し、山には丹土がある。気候は温暖で、冬でも夏でも野菜ができる。牛・馬・虎・豹・羊・かささぎ・はいない。倭人の武器としては、矛・盾・木の弓・竹の矢などがあり、動物の骨で鏃《やじり》をつくることもある。倭人の男は、みな顔や体に入れ墨をしており、その模様の位置や大小で身分の区別をつけている。倭人の男の衣服は、みな布を横にして体につけ、針や糸を使わずに結び合わせている。女子は髪を左右に振りわけ、耳の上で曲げて輪に結び、衣服は単衣のうちかけのようで、穴から頭を出し

て着ている。みな丹朱を体にまぶしているが、これは中国で白粉をつけているようなものである。皆や家屋がある。家の中では父母兄弟が別々の居室にいるが、集会などの時は男女の区別はない。飲み食いするときは、箸を使わず手づかみで食べるが、竹皿や高杯はある。一般にみなはだしで歩き、目上の人に対するときは、蹲踞《そんきょ》の姿勢をとって敬意を示す。倭人はみな酒を好む。長生きの人が多く、百歳以上に達する者が、沢山いる。男と女では女の方が多い。諸国の有力者はみな妻を四、五人持ち、それ以外の者でも二、三人の妻を持っている。女性はふしだらではなく、やきもちもやかない。また一般に泥棒がおらず、争い事も少ない。法を犯した者は、役人がその妻子を取り上げて奴隷にし、罪が重い者は、一族皆殺しにしてしまう。人が死んだときは、遺骸を家のそばに十数日留めておき、家族は哭泣《こくきゅう》の礼を行って酒や食物をとらないが、同族は遺骸の傍で歌舞し、音楽を演奏する。動物の骨を焼いて占い、物事の吉凶を決める。往来に海を渡るときは、一行の中の一人に髪をすいたり身体を洗ったりさせず、肉を食べず、婦人を近づけたりしないようにさせる。これを「持衰《じさい》」という。もし、その航海がうまくいけば、褒美として財物を与える。もし、一行の中に病人が出たり、事故に遭ったりすれば、持衰のしかたが足りなかったためだとして、すぐにみなでその者を殺してしまう」。『倭国伝　中国正史に描かれた日本』全訳注　藤堂明保・竹田晃・影山輝国、講談社学術文庫（2010）、P30、31、

注：『後漢書』：中国後漢朝について書かれた歴史書で、二十四史の一つ、紀伝体の体裁を取り、本記十巻、列伝八十巻、志の三十巻の全百二十巻からなる。「本記」「列伝」の編纂者は南朝宋の范曄（は

んよう）（三九八―四四五）の時代で、「志」の編纂者は西晋の司馬彪である。

「さて、『晋書』倭人伝によれば、この邪馬台国は晋の武帝（西晋初代皇帝・司馬炎、南北時代の六朝時代のはじまり、筆者）の秦始年間のはじめまで朝貢をしていたらしい。『晋書』のこの記事は洛陽の都に使節が行った（二六六年が最後）ということであるが、帯方郡に対する倭の交通はそれで終わったのではなく、楽浪、帯方が滅亡したとき、すなわち四世紀のはじめまでは依然として継続せられたと見るのが妥当であろう（邪馬台国の所在については、それがツクシの一地方とするのと、皇都の地であったヤマトとするのと二つの説があるが、『魏志』の記載を正しく解釈する限り、それがツクシの一国であることには、何らの疑いがない。そしてその位置については、今の山門郡とする説がしたがうべきものと考えられる）。『古事記及び日本書紀の研究［完全版］』津田左右吉、毎日ワンズ、P31、

『三国志』（巻三十・魏書三十・烏丸鮮卑東夷伝）、倭人の条（魏志倭人伝）には、「魏の明帝の景初二年（二三八年）六月、倭の女王卑弥呼は、大夫難升米《なとめ》らを帯方郡によこし、魏の天子に直接あって、朝献したい、と言ってきた。郡の太守劉夏《りゅうか》は、役人を遣わして難升米らを魏の都まで送って行かせた。その年の十二月、倭の女王に返事の詔《みことなり》が出た。「親魏倭王卑弥呼へ詔す。帯方郡の太守劉夏が送りとどけた汝の大夫（正使の）難升米、副使の都市牛利《としごり》らが、汝の献上品である男奴隷四人、女奴隷六人、斑《まだら》織りの布二匹二丈を持って到着した。汝の住むところは、海山を越えて遠く、それでも使いをよこして

貢献しようというのは、汝の真心であり、余は非常に汝を健気に思う。さて汝を親魏倭王として、金印・紫綬を与えよう。封印して、帯方郡の太守にことづけ汝に授ける。土地の者をなつけて、余に孝純《そつ》をつくせ。汝のよこした使い、難升米、都市牛利《つしごり》は、遠いところを苦労して来たので、今、難升米を率善中郎将、都市牛利を率善校尉とし、銀印・青綬を与え、余が直接あってねぎらい、贈り物を与えて送りかえす。そして、深紅の地の交竜の模様の錦五匹、同じく深紅の地のちぢみの毛織り十枚、茜色（あかね）の絹五十匹（一匹は四丈、著者）、紺青《こんじょう》の絹五十匹で、汝の献じて来た貢ぎ物にむくいる。また、その他に、特に汝に紺の地の小紋の錦三匹と、こまかい花模様の毛織物五枚、白絹五十匹、金八両、五尺の刀二振り、銅鏡百枚、真珠・鉛丹をおのおの五十斤、みな封印して、難升米、都市牛利に持たせるので、着いたら受け取るように。その贈り物をみな汝の国の人に見せ、魏の国が、汝をいつくしんで、わざわざ汝によい物を賜わったことを知らせよ」と」。『倭国伝　中國正史に描かれた日本　全訳注　藤堂明保ら』講談社学術文庫（２０１０）、Ｐ１１１、Ｐ１１２、

注：下げ紐は官位を示す組みひもで、授けられた金印は、建武中元（五七年）に、光武帝が賜った「漢委奴国王」の金印とは別物である。

「正始元年（二四〇年）、帯方郡の太守弓遵《きゅうじゅん》は、建中尉梯儁《ていしゅん》らを遣わして、詔と印綬を倭の国に持って行かせ、倭王に任命した。そして、詔と一緒に、黄金・白絹・錦・毛織物・刀・鏡・その他の贈り物

を渡した。そこで倭王は、使いに託して上奏文を奉り、お礼を言って詔に答えた」。『倭国伝　中國正史に描かれた日本　全訳注　藤堂明保ら』講談社学術文庫（２０１０）、Ｐ１１２、

「正始四年（二四三年）、倭王はまた、大夫の伊声耆《いとぎ》、掖邪狗《やざく》ら八人を使いとして、奴隷・倭の錦、赤・青の絹、綿入れ、白絹・丹木・木の小太鼓・短い弓と矢を献上した。掖邪狗《やざく》らは八人とも、率《そつ》善中郎将の印綬をもらった」。「正始六年（二四五年）、詔を発して倭の難升米に、黄色い垂れ旗（黄幢・どう）を、帯方郡の太守の手を通して与えた」。

「正始八年（二四七年）帯方郡の太守、王頎《き》が着任した。倭の女王卑弥呼《ひめこ》は、狗奴国《くなこく》の男王卑弥弓呼《ひめくこ》と以前から仲が悪かったので、倭の載斯《そし》・烏越《うお》らを帯方郡に遣わし、お互いに攻め合っている様子をのべさせた。帯方郡では国境守備の属官の張政らを遣わし、彼に託して詔書と黄色い垂れ旗を持ってゆかせて、難升米に与え、おふれを書いて卑弥呼を諭した。使者の張政らが到着した時は、卑弥呼はもう死んでいて、大規模に、直径百余歩の塚を作っていた。殉葬した男女の奴隷は、百余人であった。かわって男王を立てたが、国中それに従わず、殺し合いをして当時千余人が死んだ。そこでまた、卑弥呼の一族の娘で台与《とよ》という十三歳の少女を立てて王とすると、国がようやく治まった。そこで張政らはおふれをだして台与を諭し、台与は倭の大夫、率《そつ》善中郎将掖邪狗《やざく》ら二十人を遣わして、張政らを送って行かせた。倭の使いはそのついでに魏の都まで行って、男女の奴隷三十人を献上し、白珠五千、青い大勾玉二個、めずらしい模様の雑錦二十匹を、貢ぎものとしてさし出した」。『倭国伝　中國正史に描かれた日本　全訳注　藤堂明保ら』講談社学術文庫（２０１０）、Ｐ１１２、Ｐ１１３、

「その次に倭に関する記事のすこぶる詳密にあらわれているのが『魏志』の倭人伝で、それによって三世紀の中頃における倭の状態、並びにその風俗習慣などを知ることができる。「奴国」というのもそれに見えている。『後漢書』の東夷伝の中にも倭伝があるが、それは概ね『魏志』のをとったものである上に、それを読み誤った点もあって、独立の価値は乏しい。それから『晋書』にも倭の記事がある。さて、『魏志』及びそれより前のシナの史籍、並びに『晋書』の倭人伝にシナと交通したように書いてある「倭」が、わがツクシ地方であるということは、『魏志』倭人伝に詳述せられている地理的記載によって知られるので、これは疑いを容れる余地がない。～、徳川時代に筑前の志賀島の海浜から発見せられた「漢委奴国王」の文字のある金印もまた、その一証拠である。この文は「漢の委（倭）の奴の国王の印」と読むべきもので、「奴」は『日本書紀』などに見える「儺」すなわち那珂郡地方（福岡市付近）を指したものであるということは、三宅米吉氏によって提出せられてから学会の定説となっている。『後漢書』の記事が奴の国王の最初の朝貢を示すものであるかどうかはやや不明であるが、よしそれが最初のものであるとしても、もっと前からツクシ地方の諸小国の君主が、当時朝鮮半島の西北部を管治していた漢の楽浪郡と交通していたことは、推測しなければならぬ。～～、よほど控えめに解釈するにしても、前漢時代（前二〇二年～八年）の末近き頃から、ツクシの諸小国の君主がぼつぼつ楽浪に交通しはじめたと考えるにさしつかえはなかろう」。『古事記及び日本書紀の研究［完全版］』津田左右吉、毎日ワンズ、P28、P29、景初二年（二三八年）六月、倭の女王は大夫難升米を遣わしたとあるが、「魏の使いのはじめてきたのは正始元年（二四〇年、中国の歴史では三国時代、筆者）であって、そのときには特殊な政治的意味はなかったようであるし、一体に「貢献」とか「朝貢」とかシナで称せられることも、通常の場合には何らかの財貨を得るのが目的であったろうが、正始八年（二四七年）にはやや政治的意味の交渉が生じている。それは、南のほうの狗奴国と衝突したために、邪馬台国がその事情を帯方郡に訴え、郡の太守が官吏を邪馬台国に派遣して告諭させた、ということである」。『古事記及び日本書紀の研究［完全版］』津田左右吉、毎日ワンズ、P30、

「二六五年：司馬昭が晋王となり、魏帝を廃して晋を建国する（魏志）。二六六年：倭王、晋に使者を送る（『晋書』）。このように、朝鮮の西北部に帯方郡が魏の所領になってからは、倭国との対応はたいそうはやく、いずれも政変の起きた翌年か翌々年には新政権に朝貢している。この事実は学会ではあまり注意されていない。敏速な対応は北部九州のフェニキヤ的な交易業者でなければできないことだとは前巻に述べた」。『清張通史2　空白の世紀　松本清張』講談社、P11、

ここで、中国の歴史と史書を取り上げてみよう。魏と後漢はもとより時代は前後しているが、『後漢書』の方が『魏志』より後にできたものである。すなわち、ここに登場する『魏志』は『三国志』（巻

三十・魏書三十・烏丸鮮卑東夷伝）、倭人の条（魏志倭人伝）のことである（筆者）。

今までに提起した史書について、その時代別に列記してみる。

1、後漢書、南朝宋の時代、撰者は范曄（三九八～四四五）、東夷伝、倭、
2、三国志、西晋の時代、撰者は陳寿（二三三～二九七）、東夷伝、倭、
3、晋書、唐の時代、選者は房玄齢（五七八～六四八）、東夷伝、倭人、
4、宋書、南朝梁の時代、選者は沈約（四四一～五一三）、夷蛮伝、倭国、
5、南斉書、南朝梁の時代、選者は蕭子顕（四八九～五三七）、東南夷、倭国、
6、梁書、唐の時代、撰者は姚思廉（？～六三七）、東夷伝、倭、
7、南史、唐の時代、撰者は李延寿（？）、夷貊下、倭国、
8、北史、唐の時代、撰者は李延寿（？）、（四夷）、倭国、
9、隋書、唐の時代、選者は魏徴（五八〇～六四三）、東夷伝、倭国、
10、旧唐書、五代晋の時代、選者は劉昫（八八七～九五六）で、東夷伝、倭国、日本、
11、新唐書、宋の時代、選者は宋祁（九九八～一〇六一）、東夷伝、日本、
12、宗史、元の時代、選者は脱々（一三一四～一三五五）、外国、日本国、

以下省略、『新訂　魏志倭人伝・後漢書倭伝　宗書倭国伝・隋書倭国伝　中国正史日本伝（1）』石原

道博編訳、青　４０１―１岩波文庫、Ｐ１５、１６、

日本、

『古事記』、日本最古の歴史書、和銅五年（七一二年）に太安麻呂が編纂し、元明天皇に献上された、上・中・下の三巻からなる。内容は日本神話から推古天皇まで記述する。

『日本書紀』、『古事記』編纂八年後の奈良時代、養老四年（七二〇年）に舎人《とねり》親王が中心となり、藤原不比等が編纂する。


補述、『三国史記』、高麗十七代仁宗の命を受けた金富軾が選した三国時代（新羅・高句麗・百済）から統一新羅末期までを対象とする紀伝体の歴史書。朝鮮半島に現存する最古の歴史書。１１４３年執筆開始、１１４５年完成、全５０巻。（以上、ウィキペディアから２０２１、９、３）

ここで中国の歴史を復習してみよう。
中國の歴史年表：
（１）夏・商・周（先史時代に次ぐ時代）
（２）秦・漢・三国時代（呉・漢・魏）

紀元前二四六年―秦の始皇帝即位
紀元前―二〇二年隆邦、漢を建国
西暦八年―王莽、新を建国
二十五年―劉秀（光武帝）が即位して、後漢の成立。
二二〇年―曹丕、献帝から禅譲されて魏を建てる。首都洛陽。
二二一年―劉備、漢の皇帝を名乗り蜀を建てる。
二二二年―孫権、呉を建てる。
二六三年―蜀、魏により滅亡。その後、
二六五年―司馬炎、曹奐から禅譲され晋（西晋）を建てる。

（3）晋・十六国・南北朝時代
二八〇年―呉、晋により滅亡。
三〇四年―匈奴の劉淵、漢（後の趙（前趙））を建てる。
三一六年―西晋滅亡。
三一七年―司馬睿、江南に逃れ晋（東晋）を再興。
三一九年―石勒、趙王を名乗り趙（後趙）を建てる。
三三七年―鮮卑の慕容皝、燕（前燕九）を建てる。
三五一年―氐の符健、秦（前秦）を建てる。

三九四年―前秦、西秦により滅亡。
四二〇年―劉裕、恭帝から禅譲を受け宗（劉宗）を建てる。
五〇二年―蕭衍、和帝から禅譲を受け梁（南梁）を建てる。
五五七年―陳覇先、敬帝から禅譲を受け陳（南陳）を建てる。

（４）隋・唐・五代十国時代
五八一年―楊堅、静帝から禅譲され隋を建てる、首都大興城（西安）。
五八九年―南陳、隋により滅亡。
六一八年―李淵、恭淵、恭帝侑から禅譲され唐を建てる。首都長安。
以下省略、（ウィキペディア、中国の歴史年表、２０２１、８、２７より）

第二章　邪馬台国について

『三国志』（巻三十・魏書三十・烏丸鮮卑東夷伝）、倭人の条（魏志倭人伝）には、「倭人は、帯方（郡）の東南、大海の中に在り、山島に依りて国邑を為《つく》る。旧百余国あり。漢の時に朝見する者有り。今、使訳の通ずる所三十国なり。｛(帯方）群より倭に至るには、海岸に循《したが》いて水行し、｛諸｝韓国を歴《へ》て乍《たちま》ち南し、乍ち東し、其の北岸狗邪韓国《くやかんこく》（注参照、筆者）に到る。｛郡より｝七千余里にして、始めて一つの海を度《わた》り、千余里にして対馬国に至る。其の大官を卑狗《ひこ》と曰《い》い、副を卑奴母離《ひなもり》と曰う。｛対馬は｝居《お》る所、絶島にして、方四百余里可《ばか》りなり。｛その｝土地は、山険しくして、深き林多く、道路は禽鹿《きんろく》の径《ほそみち》の如《ごと》し。千余里有り。良田無く、海の物を食《くら》いて自活す。船に乗り、南北に｛ゆきて｝市糴《してき》（買い物、物々交換、筆者）す｝。

「又南して一つの海を渡る。名づけて瀚海《かんかい》（玄海灘）と曰う。一大国に至る。官を亦た卑狗《ひこ》と曰い、副を卑奴母離《ひなもり》と曰う。方三百里可《ばか》りなり。竹木の叢林《そうりん》多し。三千許《ばか》りの家有り。差《やや》田地有りて、田を耕せども、猶《な》お食《くら》うに足らず。亦た南北に市糴す。又一つの海を渡り、千余里にして末盧《まつら》国に至る。四千余戸有り。山海に浜《ひん》して居《す》む。草木茂り盛えて、行くに前人見えず。魚《ふく》・鰒《あわび》を捕らうることを好み、水は深浅と無く（深さにこだわらず）、皆、沈没して之を取る」。

注：末盧国は糸島市か。

東南に陸行すること五百里にして、伊都《いと》国に到る。官を爾支《ねぎ》と曰い、副を泄謨觚《えもこ》・柄渠觚《へごご》と曰う。千余戸有り、世《よよ》王有り。皆、女王国に統属す。〔帯方郡の〕郡使往来するとき、常に駐《とど》まる所なり」。「東南して奴《な》国に到る、百里なり。官を兕馬觚《しまこ》と曰い、副を卑奴母離《ひなもり》と曰う。二万余戸あり。東に行きて不弥国に至る。百里なり。官を多模《たま》と曰い、副を卑奴母離と曰う。千余家有り。

注：奴国：福岡県福岡市、福岡県糟屋郡宇美か。

南して投馬《つま》国に至る。水行すること二十日なり。官を弥弥《みみ》と曰い、副を弥弥那利《なり》と曰う、五万余戸加《ばか》り。南して邪馬壱《と》国に至る。女王の都する所なり。〔投馬国より〕水行すること十日、陸行すること一月なり。官には伊支馬《いきま》有り。次は弥馬升《みまと》と曰い、次は弥馬獲支《みまわけ》と曰い、次は奴佳鞮《なかで》と曰う。七万戸可（ばか）り。女王国自《よ》り以北は、其の戸数・道里・略《はば》載することを得べけれど、其の余《ほか》の旁国（隣の国々）は遠く絶《はな》れて、詳《つまびら》かにすることを得べからず。〔それでも略記すれば〕次に斯馬《しま》国有り、次に己百支《いはき》国有り、次に伊弥《いや》国有り、次に都支《つき》国有り、次に弥奴《みな》国有り、次に好古都《こくつ》国有り、次に不呼《ふこ》国有り、次に姐奴《しゃな》国有り、次に対蘇《とさ》国有り、次に蘇奴《さな》国有り、次に呼邑《こお》国有り、次に華奴蘇奴《げなさな》国有り、次に鬼《き》国有り、次に為吾《いが》国有り、次に鬼怒《きぬ》国有り、次に邪馬《やま》国有り、次に躬臣《くじ》国有り、次に巴利《はり》国有り、次に支惟《しい》国有り、次に烏奴《おな》国有り、次に奴《な》国有り、此れ女王の｛治むる｝境界の尽《つ》くる所なり。其の南には狗奴《くな》国有り。男子を王と為す。其の官には狗古智卑狗《くこちひこ》有り、女王に属せず。｛帯方｝郡より女王国に至るまで｛一｝万二千里なり。『倭国伝　中国正史に描かれた日本』全訳注　藤堂明保・竹田晃・影山輝國、講談社学術文庫（２０１０）、Ｐ９３、Ｐ９４、Ｐ９５、Ｐ９６、

注：狗邪韓国、弁韓の一国に狗邪国があって、それがツクシ、帯方間の中継地点、ツクシ船の停泊所であったが、それはすなわちのちに加羅（任那）としてわが国に知られた今の金海市である。『古事記及び日本書紀の研究［完全版］』津田左右吉、毎日ワンズ、Ｐ３４、

「正始八年（二四七年）、帯方郡の太守、王頎が着任した。倭の女王卑弥呼は、狗奴《くな》国の男王卑弥弓呼と以前から仲が悪かったので、倭の載斯《そし》・烏越《うお》らを帯方郡に遣わし、お互いに攻めあっている様子をのべさせた。帯方郡では、国境守備の属官の張政らを遣わし、彼に託して詔書と黄色い垂れ旗を持ってゆかせて、難升米に与え、おふれを書いて卑弥呼を諭した。使者の張政らが到着した時は、卑弥呼はもう死んでいて、大規模に、直径百余歩の塚を作っていた。殉葬した男女の奴隷は、百余人であった。かわって男王を立てたが、国中それに従わず、殺しあいをして、当時千余人が死んだ。そこでまた、卑弥呼の一族の娘で台与《とよ》という十三歳の少女を立てて王とすると、国はようやく治まった。そこで張政らは

おふれを出して台与を諭し、台与は倭の大夫、率善中郎将掖邪狗ら二十人を遣わして、張政らを送って行かせた。倭の使いはそのついでに魏の都まで行って、男女の奴隷三十人を献上し、白珠五千、青い大勾玉二個、めずらしい模様の雑錦二十匹を、貢ぎ物として差し出した。」『倭国伝中国正史に描かれた日本』全訳注　藤堂明保・竹田晃・影山輝國、講談社学術文庫（２０１０）ｐ１１３。

（１）邪馬台国二元論

平成二十二年（西暦二〇一〇年）は、平城宮遷都一千三百年目の節目にあたり、奈良市では十月八日、天皇皇后両陛下出席のもとに記念祝典が催された。その他、奈良県内各地の寺社による秘宝、秘仏の特別公開があり、相撲節会《すまいのせちえ》、騎射《うまゆみ》などの古代行事の再現など、さまざまなイベントが行われた。その結果、年間の延べ入場者は、一七四〇万人に達したそうである。今、多くの人たちが、日本人の歩んできた道、特に、邪馬台国を含めた古代に、関心が向いている証でもあろう。筆者も〝倭《やまと》は国のまほろば　たたなづく青垣山隠《あおかきやまごも》れる　倭《やまと》しうるはし〟と、以前より憧れていたが、きっかけは第一回吉川英治文化賞を受賞し、映画化もされた宮崎康平著の『まぼろしの邪馬台国』を読んでからである。その後、平成二十三年一月二十三日（日）、ＮＨＫスペシャル、ＰＭ９時〝邪馬台国を掘る〟の番組で、奈良県桜井市の纏向《まきむく》遺跡が紹介されていた。もともと江戸時代から続く、邪馬台国の畿内大和説と九州説がある。現在も、考古学専門家の多くの方々は畿内説支持派である。その番組でも、奈良県桜井市の纏向《まきむく》遺跡から、古代中国の神仙思想で、邪気を払い、不老長寿を招くとされる二千七百にも及ぶ桃の種（仙果）と、日本各地の土器、鯛などの魚の骨が発掘され、邪馬台国では、そして、この祭祀を行っていた女性は、卑弥呼ではと紹介していた。

しかし、ヤマト朝廷が成立する前には、畿内大和には出雲系文化圏が、また、九州には北九州を中心とした、それぞれ独立した文化圏があったことは、多くの研究者が認めている。所謂、倭の都、邪馬台国二元論である。この二元論は私の専売特許でなく、九州説支持派は同じ事を考えていると思う。魏志倭人伝の社会での邪馬台国は九州に存在し、その後、徐々に、九州の権勢は薄れて行き、代わりに中央集権的な権力は、畿内大和に移行していった。ヤマト朝廷成立の揺籃期の時期でもある。言いかえれば、宗主国の中国からみた倭の都、邪馬台国は、その後、徐々に九州から畿内大和へと変遷していった。初の実在天皇といわれている、第十代崇神《すじん》天皇の頃である。即位年代は不詳である。

その根拠のひとつは、八世紀初頭に書かれた日本書紀の崇神天皇記に、天皇の大叔母である倭迹迹日百襲姫（ヤマトトドヒモモソヒメ）は大変聡明で、未来のことを予言できたとある。また、近くには、卑弥呼の亡くなった時代と重なる箸墓古墳があり、倭迹迹日百襲姫が死んで、大市《おおち》に葬る。時の人はこの墓を名付け箸墓《はしはか》というとある。その墓づくりのために、人々が大阪の山の石を、次から次へと、手渡しにして石を運んだとの記述もある。倭はヤマトの、迹迹の迹は、名所名跡の跡に通じ、代々の誉れ高い家の後継者である。日は日嗣の御子であり、百は桃に通じ、襲は世襲の襲で、受け継ぐを意味する。

つまり、祭祀を行っていた女性は、この百襲姫であったと思われる。参考までに、宮内庁による箸墓の呼び名は倭迹迹日百襲姫の大市墓である。

実際、奈良県桜井市には三輪山自体をご神体とする大神《おおみわ》神社があり、出雲神話の大国主神（オオクニヌシノミコト）が祀られている。万葉集にも「三輪山を　しかも隠すか雲だにも　情（こころ）あらなむ　隠さふべしや」と歌われている。現代語に訳すと、「何時までも伏し拝みたいその山容が、雲に隠れて見えない、雲よ、心あらば隠さずに見せてほしい、その懐かしいお姿を」となる。飛鳥人が朝夕仰ぎ見ては、神霊の大物（大国）主神に手を合わせていたことが伺わせられる。ヤマト朝廷の成立前には、畿内の大和にも、また、九州地方にもそれぞれ独立し並行した、二本立ての歴史があったと解釈すべきであろう。

専門家が監修しているはずのＮＨＫが、邪馬台国論争について、あたかも、畿内説支持派のごとく放映したのは、大変遺憾なことである。他の一つは、ヤマト朝廷成立過程の解明に、大変重要な箸墓古墳を含めた、数百にも上るといわれている古墳がいまだに、宮内庁の管理下に置かれてあり、未発掘、未解明なことである。

筆者の邪馬台国九州説は以下の考察である。

素直に魏志倭人伝を読んでみると、

①倭人は帯方郡の東南の、大海の中にあり、山や島により国やまちをつくっている。

②倭の地に出かけてみると、遠く離れた海中の洲島に在り、あるいは海で隔てられ、あるいは陸続きになっていて、島々を巡って行くと、五千余里ほどにもなる。

③倭の男子、子供の別なく、皆顔面と身体にいれずみをしている。古くから倭の水人は水中にもぐって魚や蛤を捕らえる。

④倭の地は温暖であるため、冬でも夏でも生野菜を食べ、皆はだしで生活している。（氷ははらず、雪は降らない？）。

⑤寿命は〝或百年、或八　九十年〟と長命である。温暖な気候のため、稲などの作付けが二毛作であった？そのため、一年が二歳で計算？

⑥人が死ぬと、埋葬するため遺体を棺に納めるが、墓には棺を納める槨《かく》が無く、棺の上に盛り土をする（甕棺埋葬は北九州が主）。

⑦女王国は北にある国々に対し、特別に伊都国（福岡県前原市、現在糸島市、前原市には怡土と呼ぶ地域があり、平原《ひらばる》遺跡がある）に士卒を置き、諸国を検察させている。その結果、女王国は伊都国の南に位置することになる。

⑧海を航海する時は、渡るとその距離を使い、海岸沿い、湾内の場合は水行と日数を記し、使い分けている。

⑨〝女王国東渡海千余里、復有国。皆倭種〟とある。国の名前は記載されていない。出雲、吉備、四国、畿内、越（高志）などの国を指すのだろうか。

⑩〝参問倭地、周旋可五千余里〟とあり、倭の地を一回りして来ると、五千余里とある。九州を一周することであり、倭人伝に登場する国々は、九州の中に全て含まれることになる。

⑪屋久島を中心とした朝鮮半島南部から沖縄本島まで、南北九五〇キロメーターに及ぶ東シナ海沿い、楕円形の中の広大な地域で、縄文時代前期から続く曾畑式土器文化圏があった。また、島々の往来を生業とした、アイランドホッパー（Island Hopper）がいた。まさに、中国本土からみた倭人、倭種、倭族であり、魏志倭人伝のなかの世界でもある（平成22年9月7日NHK（BS3）世界遺産一万年の叙事詩）。

（2）魏志倭人伝

著者は西晋の陳寿で、西暦二八〇～二九〇年間に書かれた。西暦二二〇年に後漢がほろび、変わって魏、呉、蜀が並び立つ三国時代となり、この時代の歴史書である〝三国志〟の中の「魏書」に書かれている東夷伝、倭人の条が〝魏志倭人伝〟である。その後、魏志倭人伝の解釈にあたり、漢字作成に当たっての音韻、その漢字の読み方（漢音、呉音）、当時の距離や方角などについて、現在に至るまでさまざまな論争が続いている。

冒頭には〝倭人在帯方東南大海之中、依山島為国邑、旧百余国、漢時有朝見者、今使訳所通三十国〟

とあり、現代文に訳すと、倭人は帯方郡の東南の、大海の中にあり、山や島により国やまちをつくっている。もとは百余りの国からなっていて、漢の時代に朝見してきた国もあった。いま、使者や通訳が通ってくるところは三十国である。原文は、約二千字の漢文で書かれてある魏志倭人伝には、魏の支配下にあった朝鮮半島北部の帯方郡の郡都（ソウル近く、ケソンとも言われている）から、邪馬台国までの行程と倭国の国名、官名、人口、風習、風景などが書かれてある。当時の倭は、邪馬台国を中心とした国邑（中国語では囲われた町）の連合が存在し、また、邪馬台国に属さない国も存在していたことが記されている。

1　倭人伝を読んで疑議（あれこれと熟考）すること

（その１）邪馬台国畿内説について

①倭人伝には、〝自女王国以北其戸数道里可得略載、其余傍国遠絶不可得詳〟とある。この短い文章が邪馬台国への道程、すなわち、畿内説か、九州説かの重要な鍵であると思う。現代文に訳すと、女王国より北にある国々については、その戸数やそこに行く道里をだいたい記載できるが、その他の傍国は遠絶であるため、戸数や道里の詳細を知ることができないとある。九州に上陸した最初の国、末廬国（長崎県松浦、佐賀県の呼子付近や唐津市桜馬場遺跡の説もある）から始まり、伊都国（福岡県前原市、現在糸島市、前原市には怡土と呼ぶ地域があり、平原《ひらばる》遺跡がある）、奴国《な》(福岡市博多区の板付遺跡

や春日市岡本の春日丘陵にある須玖《すぐ》岡本遺跡は、奴国の中枢であったとされており、また、福岡平野には那珂川が流れ、那の国と呼ばれていた）、不弥国（福岡県糟屋郡宇美町？）へと続くが、邪馬台国畿内説では、これらの記載を全く無視したことになる。

②方角について、末廬国から〃東南陸行五百里至伊都国〃とは、出発点から東南に向かって進みなさいとの表現であり、伊都国が東南にあるとは述べていない。もし、東北に向かって進むことになると、湾をまたぐことになる。倭人伝の冒頭にある〃倭人在帯方東南大海之中〃は、現在のＧＰＳなどの表現を意味する。畿内説では、東北とすべきところを東南としており、倭人伝は９０度方角が狂っているとした。また、対馬国と一支国に、〃乗船南北市糴〃とある。良田なく、船に乗って、九州、または、韓国などで穀物を買い入れたとある。倭人伝の方角は正確である。

③陸行一月とは、投馬国の次に、〃南至邪馬台国、女王之所都、水行十日、陸行一月〃とあり、距離は書かれていない。宮崎康平は唐時代の十里は約四キロメートルで、伊都国から〃東南至奴国百里〃は２泊３日の旅としている。畿内説では、邪馬台国までの陸行一月の距離は、博多を出発点としても、九州を縦断して薩摩半島を飛び越してしまう距離であることを、反論の一つとしている。しかし、対馬国では〃道路如禽鹿径〃、末廬国では〃草木茂盛行不見前人〃とあり、道路網は無いに等しく、そのほか、〃其余傍国遠絶不可得詳〃とある他の国々を通過するには、それ相当の日数を、その地に留め置かれた（ガイドやポーターの手配に戸惑った）か、または、ぅ回路を探さなければならなかったのでは？

（その２）〝其余傍国遠絶不可得詳〟について

この〝其余傍国遠絶不可得詳〟とは、どのように解釈するのだろうか。倭人伝に記されている国別順では、九州に上陸した最初の国、末盧国から始まり、奴《な》国を経由して、また、奴国まで戻ってくる形となっている。邪馬台国までは、戸数、役人の官名などが書かれている。その先の諸国については、次有斯《し》馬国、次有己百支《きはくし》国、次有りと続き、はじめの斯《し》馬国から数えて、二十一番目の次有奴国で終わり、〝此女王境界所尽〟とある。この〝其余傍国遠絶不可得詳〟とは、遠くて行き来や交渉がないのか、近くても、倭諸国を含めた所謂、外の世界の、人の出入が厳しく制限されていたのか定かでない。

（その３）周旋とは

〝参問倭地、絶在海中洲島之上、或絶或連、周旋可五千余里〟とある。倭地を参（まいる）問（おとずれる）するに、海中洲島の上に絶（隔たって）在し、あるいは隔たって、あるいは連なって、周旋すると可《ばかり》五千余里とある。この周旋が島々を巡って行くと訳されている。しかし、当時の船乗りは、沖縄諸島を含めた南西諸島まで、広い知識があり、倭の地を一回りすると訳せないだろうか。アジア地図を見直し、朝鮮半島と九州を比べると、九州は以外に小さな島に見えて来る。即ち、倭の地が九州で、その一周と考えると、倭人伝に登場する国々は、全て九州の中に収まることになる。

（その４）狗奴国《くな》について

倭人伝には〃旧百余国、漢時有朝見者、今使訳所通三十国〃とある。登場順に狗邪韓国（加羅・任那の金海市）から数えて、三十番目の国が狗奴国である。では、三十番目に登場する邪馬台国と敵対関係にあった当時の強国、狗奴国も、宗主国の中国に使者や通訳を送っていたのだろうか。そこには、男王の名と、官名も記されている。邪馬台国の〃其南有狗奴国、男子為（治める）王、男王卑弥弓呼素不和〃とある当時の大国、狗奴国はその後、どのような運命をたどるのだろうか。一説では、邪馬台国諸国を併合し、東征して畿内に達し、ヤマト朝廷を樹立する。古事記には、神日本磐余彦尊（カムヤマトイワレヒコノミコト）、後の神武天皇が、宮崎県日向《ひむか》の国を発ち、東征の旅に出たとある。この事例では、狗奴国は全国最大級の古墳群があり、宮内庁陵墓に指定されているため、発掘調査が未だにされていない、宮崎県西都市の西都原《さいとばる》古墳群などがあった場所とも考えられる。二説はそのままの体制を維持し、ヤマト朝廷から熊襲（熊本県？）と言われ、十一代垂仁天皇と十四代仲哀天皇の2代に渉って、征伐の対象となった国である。

（その５）邪馬台国の女王（卑弥呼）と狗奴国の男王の名前

「此れ女王の｛治むる｝境界の尽《つ》くる所なり。其の南には狗奴国《くな》有り。男子を王と為す。其の官には狗古智卑狗《くこちひこ》有り、女王に属せず」とある。卑弥呼の卑は尊卑や野卑の卑で、王家とは正反対の字である。弥は弥栄《いやさか》の弥で、月日を重ねる意味もある。卑を日嗣の日、日の御位《みくらい》の日を使わなかったのは、宗主国からみた蛮族の王と、見下していたためか？卑弥呼が単なる女王という固有名詞なら、著者の西晋の陳寿は、邪馬台国の女王と狗奴国の王のそれぞれの幼名、個人の呼び名を把握していなかった事になる。狗奴国の男王の名前、卑弥弓呼《ひみくこ》の弓は男を意味する、すなわち、単なる男王である。

（その６）至ると到るの使い分け

至ると到るを漢語林で調べると、至は来る、到着する、およぶとあり、到はいたる（至る）、いたり着くとある。倭人伝で、到るを使用している国は、狗邪韓国と伊都国だけで、他の7国へは至るを使用して区別している。到るは実際に到着した国、至るはおよぶ、着くと区別しており、他の至るの国へは、旅先案内人などによる聞き語りによるものだろうか。もしそうなら、著者の陳寿らの使節一行は、天候不順などによる旅行日数の制限、冬季は船による移動は不可？その他の事情で、正規のルートに従わず、また、上に挙げた二国だけで、邪馬台国まで到着していないことになる。

（その７）官名について

官名については、対馬国と一支国（壱岐島）は同じ官名で主が卑狗、副が卑奴母離だが、対馬国は大官とあり、一支国より上位の官職の人がいたことになる。九州本土に初めて上陸した国、末盧国には官名はなく、役人は居なかったのだろうか。伊都国については、主と副の官名が対馬国、一支国とは異なり、二人の副がいた。その他、〝自女王国以北置一大率、検察諸国、諸国畏憚此、常治伊都国、国中有如刺史〟、とあり、邪馬台国から派遣されていた一大卒がおり、邪馬台国以外の諸国を検察し、諸国は之を畏れ、憚り、まるで中国の刺史《しし》のようであると記されている。この女王国から派遣された一大率（検察官）が、常時伊都国に常駐していたことになる。また、〝王遣使詣京都帯方郡、諸韓国及郡使倭国、皆臨津捜露、伝送文書賜之物詣女王、不得差錯〟とある。現代文に訳すると、女王が使者を派遣して、洛陽や帯方郡に行かしめる時や、諸韓国や帯方郡の使者が倭の国に来た時にも（現在の出入国管理官の如く）、一大卒は臨津（そのたびごとに）に対応して捜露（臨検）し、女王に送られた文書、献上品など全てに間違いの起こらないようにしている。この記載から、常時、帯方郡や諸韓国との貿易や交流があり、また、文書を理解できる人たちが常駐していた事を伺わせる。これらの記述により、日本への漢字伝来は、相当早い時期に移入されていたことになる。倭人伝の冒頭にも、〝今使訳所通三十国〟とある。

（その８）伊都国の王について

他の奴国、投馬国、邪馬台国と比べて、戸数（人口）がはるかに少ないのに、世継ぎの王がいた。そして、わざわざ、皆統属女王国と但し書きが付いている。どのように解釈したら良いのだろうか。筆者は、倭人伝の時代よりはるか昔から、伊都国を中心に、対馬国、一支国、末盧国、奴国、不弥国は、邪馬台国王家との繋がりが非常に強い国だったのではと考えている。その結果、卑弥呼の宗（本家）女、壱与《いよ》?・臺（台）与《とよ》?（十三歳）は伊都国の皇女で、卑弥呼の本家は伊都国だった?・そしてまた、建武中元二年（西暦５７年）、倭奴国、貢を奉じて朝賀す、漢の光武帝「漢委奴国王」の金印を印綬するとある奴国の王家の末裔が、伊都国の王であったのではと考えている。

（その９）水行と度、渡るについて

帯方郡から狗邪韓国までは、水行が使われている。対馬国へは度《わたる》一海、一支国、末盧国へは渡る、また、〃女王国東渡海千余里、復有国、皆倭種〃でも渡るが使われている。そのために、不弥国から〃南至投馬国水行二十日〃、〃南至邪馬台国水行十日〃とは、湾内、沿岸沿いに進んだのだろうか。もし、川を舟に乗り変え投馬国、邪馬台国へ水行する場合は、大陸の河と違って、川幅は狭く、流れが速く、大変な労作が必要となる。著者は道路網が未発達な時代、川筋を歩くことも水行に含まれていると思はれるのだが。そのため、一日の行程は川を水行する場合は限定される。その結果、投馬国、邪馬台国は、博多湾に面している奴国に近い、北九州に位置していたことになる。

（その１０）家、戸について

一支国、不弥国は家が、他の対馬国、末盧国、伊都国、奴国、投馬国、邪馬台国では戸が使われている。

最初の狗邪韓国は何も記載がない。家は屋根が、戸は囲いがある家と解釈している人もあるが、筆者は家は、ばらばらに散在している家々が、戸は、ある程度集落的なまとまりがある村の戸数ではないかと思う。

（その１１）下戸の葬儀について

〝大人皆四五婦、下戸或二三婦〟とあり、一夫多妻である。また、〝喪主哭泣、他人就歌舞飲酒、已葬（すでに葬れば）挙家詣水中（喪主の一家は水中に詣でる）〟、〝澡浴、以如練沐〟とあり、澡はすすぐ、清めるとあり、それは中国における練沐のようである。練沐とは白い喪服を着て、身体や髪を洗うである。大人は甕棺に埋葬されたが、下戸は土葬でなく水葬で、喪主家族は水中に入り、死者の霊と一体化し弔ったのだろうか。

（その１２）〝男子無大小皆黥面文身〟について

黥面とは顔に入れ墨をすることであるが、倭の男子は大人、子供の別なく、皆顔面と身体に入れ墨をしているとある。しかし、どの世界でも、子供は入れ墨をしていない。しかし、〝朱丹塗其身体、如中国用粉也〟とも記されているので、黥面分身は入れ墨でなく、大人も子供も顔や身体に化粧をして、病気や悪霊から身を守ると解釈できそうだが。

２　邪馬台国諸国を比定する要件

倭人伝に書かれている固有名詞は、前述したが、音写を目的とした漢字を用いただけの音表文字である。現在の地名から邪馬台国諸国を特定することは、特定の場所を除いて困難である。大切なことは、倭人伝の時代前後の、推移、流れをつかむことであろう。もちろん、その時代に即した出土品、遺跡の位置〳規模〳状況の見極めなどが最重要な根拠となる。それらを勘案し、倭人伝の記述から、邪馬台国諸国は船や舟で行ける場所、海岸沿いか、海岸から河を遡上でき、また、河、川を使った往来が可能な場所が必須条件となる。理由の一つは、当時は馬や牛が居なかったこと、物流に必要な運搬手段は舟が主であることによる。その結果、当時の国同士の接点、交渉、玄関口は舟による往来で行うのが必要条件で、領内通過、領内に迷い込むなどは、侵入者と見なされる。そのような不文律があったのではと考えられる。

参考資料

① まぼろしの邪馬台国、１）白い杖の視点、２）伊都から邪馬台への道、宮崎康平、講談社文庫、２００８年

② 邪馬台国、清張通史1、松本清張、講談社文庫、２０１０年

③ 九州古代遺跡ガイド、九州遺跡研究会、メイツ出版、２００９年
④ 葬られた王朝、梅原　猛、新潮社、２０１０年
⑤ 古事記、福永武彦、河出文庫、２０１０年
⑥ 日本書紀、福永武彦、河出文庫、２００８年

尚、本題は〃魏志倭人伝の世界〃と題して、平成二十三年三月号から八月号まで、千葉県医師会雑誌に連載し、抜粋したものです。

また、中村学園大学ホームページからの魏志倭人伝を利用するに当たりまして、同大学図書館長、藤田守様はじめ関係諸氏に、この紙上をお借りしまして、厚くお礼申し上げます。また、パソコンから多くの博学の徒が居られるのを知り、また、ウイキペデイアなどから、多くの情報、知識を教えて頂きました。ここに感謝申し上げます。（山﨑震一）

第三章　日本建国への曙（あけぼの）

「二六六年（晋始の始め）に女王国の倭王が晋に使者を出したと「晋書」にあるのに、四一三年の「東晋の安帝のときに倭王讃がいた」と「梁書」の倭伝が伝えるまで、その一四七年間は倭国の消息が中国の史書にはまったく見えない。これは倭国が行方不明になったのではなく、事情は中国側にある。中国は大動乱のルツボに投げ入れられていたのである。〜、かんたんにいうと、晋が王族の内紛でほろび、五湖十六国の時代になる。このあいだに、南に東晋がおこって（北の晋を「西晋」という）、西晋がほろぶ。そうして四二一年に東晋がほろんで宗となり、ここに南北朝時代がはじまる。五湖十六国の時代はまだつづく。この宗ができたとき四二〇年に「倭王讃」（後述）が宗に入貢して、宗の武帝から徐綬詔書をたまわったと『宋書』倭国伝に出ている。倭王讃が、東晋のときに名前が出てから七年ののちである。『清張通史2　空白の世紀　松本清張』講談社、P12、

この一四七年間の空白の時代が、倭国（日本）では、『古事記』の中の伝承の世界であり、後述するが津田左右吉がいう欠史十三代の天皇や神話の中の登場人物が活躍する時代でもある。のちに『日本書紀』の形をとり、纏められたのである。そして、以下に述べる水野祐氏が言う三王朝交代説や、江上

波夫氏が言う騎馬民族征服説が登場する。

邪馬台国の時代から大和朝廷成立過程を振り返ってみると、いくつかの段階があり、その過程で、朝鮮半島、中国からの避難民、新天地を求めた当時の進歩人が、各地の有力豪族勢力へと流入が続き、大和朝廷成立へと進んだものと思われる。

（1）神話の世界から

記紀の神話は高天原神話、出雲神話、日向神話の三つの神話から成り立っている。そして、天神と国神の二大別があり、天神が日本の国土に降来して、そこに原住した国神を征服あるいは支配した。「そうして、その天神の日本降来の地方は出雲と筑紫の二か所であり、前者に天降ったのは、はじめにスサノヲノミコトがあり、～～、このような両地への天神の渡来が、記紀の所伝のように出雲がさきで、筑紫があとであったかどうかは問題であるが、天神なる外来民族が、出雲や筑紫に、南部朝鮮からきたらしいことは、地理的な関係ばかりでなく、記紀の所伝からもうかがうことができる」。『騎馬民族国家　日本古代史へのアプローチ　改版』江上波夫著、中公新書（１４７）、Ｐ１６３、

筆者も、出雲や筑紫に、南部朝鮮から時代が違うが、扶余系王族が日本に進出したのだろうと考え

る。一回目は新羅の国から、「最初に出雲に天降ったといわれるスサノウノミコトについては、書紀の一書に、「是の時にスサノウノミコトその子五十猛善《いそたける》の神を帥いて、新羅の国に降到《いた》りまして、曾戸茂梨《そともり》の処に居しましき、乃興言《すなわちことあげ》して『此の地《くに》は吾らまくほりせず』とのりたまひて、遂に植土《はにつち》を以ちて船を作り、乗りて東に渡り、出雲の国の簸《ひ》の川上なる鳥上《とりかみ》の峰に到りましき……」とあり、スサノウノミコトはその子あるいは群臣をひきいて、出雲に渡来する以前に、新羅すなわち南部朝鮮に、一時逗留したことを伝えているのである」。『騎馬民族国家　日本古代史へのアプローチ　改版』江上波夫著、中公新書（147）、P164

出雲神話には、「海から来る神」という項目があり、「かのオホクニヌシノ神、別名オホナムヂノ神が、出雲の国の、のちの美保である御大《みほ》の岬（島根半島先端にある）にいた時のこと、波がしらの白く立ち騒ぐ沖のほうから、ががいも（ががいも、ガガイモ科の蔓性多年草、果実は十センチメートル余の楕円形、種には白色の長毛がある、乾燥して、乾葉とともに強壮薬、筆者）の実の二つに割れたのを船として、みそさざい（鷦鷯、スズメ目、ミソサザイ科の鳥、翼の長さ約五センチメートル、筆者）の皮を丸剥ぎにしたものを着物に着て、しだいに波の上をこちらのほうに近寄ってくる小人のような神があった。そこで名前を尋ねてみたけれども、答えない。お供に附《つ》き従っている神々に名前を尋ねてみたけれども、答えない。お供に付き従っている神々に名前を聞いたけれども、誰一人、知っているという者がいない。そこへ蟾蜍《ひきがえる》が現われて、こう言った。「これはきっと、案山子《かがし》のくえびこの奴が存じておりましょう。」そこで案山子を召し寄せて、その名前を尋ねたところ、「これはカミムスビノ神の御子である、少名毘古那神（スクナビコナノカミ）でございます。」そこで高天原にこの神を連れていって、カミムスビノ母神にこの由を申し上げた。すると母神は次のように言った。「たしかにこれは私の子供です。たくさんいる子供たちのうちで、指の股からこぼれ落ちた子供です。そこでお前たち、アシハラシコヲノ命（オホクニヌシ?、筆者）と、スクナビコナノ神とは、共に兄弟となって、その国を一緒に作りかためなさい。」こう命じられて、それからはオホナムヂ（オホクニヌシ、筆者）とスクナビコナの二柱の神は、互いに力を協《あわ》せ合って、この国の経営にあたった。しかし、まだ事の成らないうちに、このスクナビコナノ神は、海の彼方の常世国《とこよのくに》に渡っていってしまった」。『現代語訳　古事記　』福永武彦訳、河出文庫、P108、P109、

「少名毘古那神（スクナビコナノカミ）は、日本書紀ではスクナヒコナと呼ばれている。そして、オオナムジことオオクニヌシとスクナヒコナの最大の功績は、日本に医療をもたらしたことである。そのような医療に関する施設の一つが、スクナヒコナが発見し、温泉療法をつたえたという、玉造温泉である。～、オオクニヌシはスクナヒコナと同じように海の向こうからやって来たオオモノヌシを自らの参謀として重用し、三諸山（ミモロノヤマ）すなわち三輪山に宮を建てて、住まわせたのである」。（『葬られた王朝　古代出雲の謎を解く』梅原猛著、新潮社、P97、P105）、

この説話は出雲と南部朝鮮（新羅）との交流が深かかった、そして、アジアの地図を俯瞰してみると、任那からは卑弥呼の時代（邪馬台国）から続いている対馬海峡に沿った島々を辿った航路を利用したのに対して、当時の新羅からの航路は、朝鮮半島東海岸から、日本海をわたり、直接山陰地方へ渡ったのではないかと推察している。

そして、二回目は、「ニニギノミコトが、筑紫の日向《ひむか》の高千穂の峰に天降ったことを述べた古事記の一節に、～、『此の地は韓国《からくに》に向ひ笠沙《かささ》之御崎《みさき》に真来《まき》通りて、朝日の直刺す国、夕日の日照る国なり、故に此地ぞ甚《いと》吉《よ》き地《ところ》』と詔りたまひて、底津石根に宮柱ふとしり、高天原に氷椽《ひぎ》（千木と同じ、破風の先端が延びて交差した二本の木、筆者）たかしりて座しましき、……」とあって、ここでも韓国《からくに》すなわち南部朝鮮のことが、とくに言及されていて、そこを天神の故郷と解すれば、文章がおのずからつうじるように感じられる」。『騎馬民族国家　日本古代史へのアプローチ　改版』江上波夫著、中公新書（１４７）、Ｐ１６４、

そして、「この記紀の伝説と『駕洛《から》国記』とに伝える六伽耶国の建国伝説が、内容の重要な点でことごとく一致するものであることは、三品彰英氏が詳細に論証されたところである。～～、これはどうしても南部朝鮮、ことに任那（六伽耶）方面から、その建国説話をもたらして北九州に渡来した外来民族（後述、扶余系辰王民族か、筆者）―天神―が、その新支配地の高い連山（高千穂峰）にこれを結びつ

けたものが、記紀伝説の天孫降臨建国説話にほかならない」。『騎馬民族国家　日本古代史へのアプローチ　改版』江上波夫著、中公新書（147）、P164、P165、

そして、「日向《ひむか》の地が西都原《さいとばる》などの大古墳がある日向《ひむか》＝日向《ひゅうが》の通説になったのであろうが、日向とは「南向き、東向きの」といういみの形容詞で、地名ではないように解され、一方記紀いずれにも筑紫説が伝えられている〜〜、唐代ないし宗初の頃、中国に神武以前の日本の統治者が筑紫にいたという伝承が伝えられていたことである。〜〜、

これら記紀や新唐書の筑紫説と上述の六伽耶国の建国伝説の伝来の事情などをあわせ考えると、南部朝鮮方面から外来民族（天神）が渡来したところは、日向国などの、九州の僻遠の地ではなく、弥生式時代から南部朝鮮とたがいに密接な関係があった、北九州、筑紫にほかならない」。『騎馬民族国家　日本古代史へのアプローチ　改版』江上波夫著、中公新書（147）、P164、

そして、その根拠は、「南部朝鮮ではかっての金官加羅の地の、釜山市東莱福泉洞古墳群や、かっての意富《オオ》加羅の地の、高霊市池山洞古墳群などの四世紀末ないし五世紀初めに年代が比定される、大きな平石を長手の短形の墓壙の上に敷き並べて蓋石とした、いわゆる石蓋墓が多数郡在して発見され、そこに鉄製の甲冑、馬具、馬面、金銅の冠、鉄製の刀剣、矛、鏃《やじり》などの武器、農具、工具や、青銅七鈴付円環形装飾品、鉄製・金銅製の服飾品など、豊富な副葬品が発掘された。〜〜、そうしてそのよう

な連続性は、かっての筑紫の地の、福岡県の各地、とくに福岡市老司と同県甘木市池の上で見事に実証されたのである。そこでは加羅の石蓋墓とその副葬品とすべての点でほとんど区別できないほど一致した内容の古墳群が見出され、そこから伽耶式土器の立派なものが多数出土した」。『騎馬民族国家　日本古代史へのアプローチ　改版』江上波夫著、中公新書（147）、P330、P331、

この時代はいつかと考えると、魏志倭人伝に書かれていた時代の正始八年（二四七年）に、帯方郡では、張政らを遣わしたとあり、邪馬台国では卑弥呼が死に、卑弥呼の一族の娘で台与《とよ》という十三歳の少女を立てて王とすると、国はようやく治まったとある。その後も争いは続いていたのだろうと思うが、この時代の後半に韓《から》の国、南部朝鮮からの外来民族（天神）が渡来し、日本建国が始まったのだろうと思われる。時代的には、三世紀後半から、四世紀前半だろう。

次に、出雲神話の大国主神（オホクニヌシノカミ）の国譲り神話があるが、容易に国譲りできたのではないことが、記されている。『現代語訳　古事記』福永武彦訳には、「アマテラス大御神は剣（つるぎ）の神であるタケミカヅチノ神と船の神である天鳥船神（アメノトリフネノカミ）を副《そ》えて、葦原中国《あしはらのなかつくに》へと旅たたせた」。「我々はアマテラス大御神、タカギノ神（高木神、タカムスビノ神、筆者）の命令で、汝に次のことを尋ねるために、こうして使《つかい》として来た者である。汝（大国主神、筆者）が今、国の主として領しているこの葦原中国は、我（大国主神、筆者）が御子の治めるべき国であると、

このように申されて、その役目を御子に委ねられた。汝の考えるところはどうであるか?」こう尋ねたのに対して、オホクニヌシノ神は、次のように言った。「私はもはや年も老いて、一存で答えるわけにはいきません」。これに対して、息子の一人は、「恐れ多いことです。それならば、この国は天神《あまつかみ》の御子にさしあげたらよろしいでしょう」と。「いま一人、私の子に建御名方神(タケミナカタノカミ)という者がおります。もはやこれ以外にはありませぬ」。このように答えた折も折、まさにそのタケミナカタノ神が、千人力でやっと動くほどの大岩を、軽々と手の先に差し上げて現れると、大声に呼ばわった。「何者だ、我が国に来て、そこでこそこそ喋っている奴は?我が国を取ってくれると言う気なら、一つ力競《くら》べをして勝負をきめてからにしろ。まず己《おの》がさきに、お前の手を掴んでやるぞ。」そこでタケミカヅチノ神の手をぐいと掴むと、その手はたちまち氷柱《つらら》に変じ、と思うまもなく、水もたまらぬ剣の刃に変じた。とうてい触れるようなものでないから、驚き恐れて、身を退いた。~~、さすが力持ちのタケミナカタノカミ神も、かなわずと見て逃げ出したが、恐れ入る気色《けしき》がなかったので、そのあとを追いかけ追いかけ、ついに、信濃である科野《しなの》の国(今の長野県)の、のちの諏訪湖である州羽《すわ》の海まで追い詰めて、今や殺さんとした。そこでタケミナカタノ神は命乞いして言うには「恐れ入りました。命だけはどうぞ助けてください。~」~、そこでさらに、オホクニヌシノ神のいるところに戻って、尋ねるには、「汝の子供たち、コトシロヌシノ神もタケミナカタノ神も、二人ながら、天神(アマツカミ)の御子の仰せのままに従って、必ずや背かないと申している。そこで汝の思うところはどうか?」。そこで答えて言うには、「子供二人の申しましたとおりに、私もけっして背くことではございません。この葦原中国は、仰《おお》せのままに悦んでさしあげましょう。ただ私の住むところのために、天神《あまつかみ》の御子の、代々御世を継ぎ給うべき天津日嗣《あまつひつぎ》の、その御膳《みけ》をおつくりする御厨《みくりや》である、煙立ちのぼる、富み足りた、天之御巣《あまのみす》の壮大な構えと同じほどに、地の底の岩根までも深く宮柱を埋め、高天原に肱木《ひぎ》の届くほどに屋根の高い、立派な宮殿を築いて私を祭ってくださいますならば、私は百に足らぬ八十の、曲がりくねった道また道を訪ねてゆき、遠い黄泉国《よもつくに》に身を隠すことにいたしましょう。また、私も子供である百八十人の神々は、ヤヘコトシロヌシノ神がその先駆《さきがけ》ともなり 殿《しんがり》ともなって、必ずお仕えいたしますゆえ、一人として仰せに背《そむ》く神はありますまい。」このように言って、ついにこの世を去った。『現代語訳　古事記　福永武彦訳』河出文庫、P123～P128、

梅原猛著『葬られた王朝　古代出雲の謎を解く』には、「『古事記』では、国生みの後に神生みの話が続く。イザナギはその最後にアマテラス、ツクヨミ、スサノウを生んだというが、この三貴子はいずれも農耕の神である。つまり、イザナギ、イザナミから三貴子の時代へと変わることによって縄文時代は終わり、弥生時代が始まるのである。このように考えると、スサノオ、オオクニヌシの出雲神話は弥生時代の話なのであろう。この時代について、近年、大きな認識の変化があった。これまで紀元前五世紀から紀元後三世紀頃の間の約八百年間と考えられていた弥生時代が、放射線炭素年代測定法と年輪年代測定法により、その始まりが通説より五百年ほど遡った。つまり紀元前十世紀頃には、すでに稲作農業が日本で行われていたと考えられる」。『葬られた王朝　古代出雲の謎を解く』梅原猛著、新潮社、P

146、147、

「西洋においては、先史時代を石器時代、青銅器時代、鉄器時代に区分する。青銅器時代には、武具や農具などの実用的道具を重んじる鉄器時代とは違った、何かロマンのある時代と考えられてきた。従来の八百年で考えられた弥生時代の幅では、すでに弥生の初めには鉄が入っているので、青銅器時代は日本においてはほとんど存在し得ないことになる。しかし、弥生時代が五百年も広がるとすれば、そこにまさにかなり長期間の青銅器時代が現出する。私が第一、二章で語ったスサノウやオオクニヌシの話も弥生時代の話であり、青銅器時代の話である。それゆえ私は、稲作農業が到来し、稲作文明が発展した弥生時代前期を青銅器の時代と捉えたいと思う。〜〜、日本の青銅器は銅鐸、銅剣、銅矛、銅戈《か》、それに銅鏡であった。〜、銅鐸、銅鏡はまったくの祭器である」。『葬られた王朝　古代出雲の謎を解く』梅原猛著、新潮社、P147、148、

「私は先に、弥生時代を日本の青銅器時代と考え、スサノウやオオクニヌシの話はこの青銅器時代の話であると論じた。また出雲が大量の青銅器を有する青銅器王国であったことは、昭和五十九年（一九八四）の荒神谷《こうじんだに》遺跡の発見以来明らかになってきた。荒神谷《こうじんだに》遺跡で三百五十八本の銅剣、六個の銅鐸、十六本の銅矛が出土した。〜、さらに、平成八年（一九九六）の加茂岩倉遺跡における銅鐸三十九個の出土によって、出雲が青銅器王国であったことは今や誰の目にも明らかになった」。『葬られた王朝　古

代出雲の謎を解く』梅原猛著、新潮社、Ｐ１６０、

「さらにまた出雲を中心として四隅突出型墳丘墓が数多く発見されている。四隅突出型墳丘墓とは、方形墳丘墓の四隅が飛び出て特殊な形をした大型墳丘墓のことである。現在までに発見されている四隅突出型墳丘墓は、山陰地方から遠く富山の地までに及んでいる。この古墳の築造は、三世紀に出現したと思われる前方後円墳から遡ること約二百年、このように巨大でしかもまことに美しい古墳が造られたことは、出雲を中心とし日本海沿岸には根強く一つの権力が存在し続けたことを意味すると考えてよいであろう。」『葬られた王朝　古代出雲の謎を解く』梅原猛著、新潮社、Ｐ２１、

そして、梅原はまた、『古事記』を素直に読む限り、アマテラスを開祖とするヤマト王朝の前に、スサノウノミコトを開祖とする出雲王朝が、この日本の国に君臨していたと考えねばならないと結んでいる。

（２）日本建国への道程《みちのり》

「まず始めに、「古代史へのアプローチには、一は、記紀の神話・伝承を中心とした広義の民族学的・

歴史学的研究、二は、古墳およびその出土品を中心とした考古学的研究、三は、中国史に見えるこの時代の東アジアの形成、とくに日本・朝鮮の情勢を中心とした歴史的研究である」。『騎馬民族国家　日本古代史へのアプローチ　改版』江上波夫著、中公新書（147）、P146、

「任那こそ日本の出発点であったので、そこを根拠として崇神天皇を主役とした天神（外来民族）が北九州に進撃し、ここを占領したのが、いわゆる天孫降臨の第一回の日本建国で、その結果、崇神はミマ（ナ）任那の宮城に居住した天皇―御間城天皇（ミマキノスメラミコト）と呼ばれたと同時にハツクニシラススメラミコトの称号をあたえられることになったのだろう。そうして『旧唐書《くとうじょ》の日本国の条に「日本旧《も》と小国、倭国の地を併《あわ》す」とあるのは、このことを指すものにちがいあるまい」。『清張通史2空白の世紀　松本清張』、講談社、P168、

筆者はこの第一回の日本建国は、『葬られた王朝　古代出雲の謎を解く』の梅原猛がいう『古事記』を素直に読む限り、アマテラスを開祖とするヤマト王朝の前に、スサノウノミコトを開祖とする出雲王朝が、この日本の国に君臨していたとあり、九州の筑紫の日向《ひむか》の高千穂の峰に天降ったニニギノミコト（ハツクニシラススメラミコト）でなく、第一回目の建国は出雲神話のスサノウノミコトではと思う。

「それでは、北部九州から畿内に進出したときの、第二回の日本建国の主役は、だれであろうか。江上氏は「それはたぶん応神天皇だろう」といい、第二次の建国がいわゆる神武東征の説話に代えられているとし、第一次・第二次を通じ、大伴連と久米直《あたい》の遠祖が軍事上の協力者としてもっとも有力に伝承されているのは、日本各地に盤踞《ばんきょ》していた土着の豪族を制圧したことを語る。「これを要するに、記紀の神話・伝承を中心として考察した結果は、天神なる外来民族による国神なる原住民の征服――日本国家の実現が、だいたい二段の過程でおこなわれ、第一段は任那（加羅）方面から北九州（筑紫）への侵入、第二段は北九州から畿内への進出で、前者は崇神天皇を代表者とした天孫族と、たぶん大伴・中臣らの天孫系諸氏の連合により、四世紀前半におこなわれ、後者は応神天皇を中心とした、やはり大伴・久米らの天孫系諸氏連合により、四世紀末から五世紀はじめのあいだに実行されたように解されるのである」。江上波夫氏は任那にいた扶余族が日本に渡来したこのような二つの波――第一段と第二段に分けた」。～～、「記紀は天皇家が大和にはるか以前から住んでいたことにするため、実在とされる崇神天皇以前に七代の天皇の架空をつくり、年代も百二十年（干支二運）ひきのばして、その初代天皇の神武の名にした。応神が北部九州から畿内に入ったのは四世紀後半から五世紀はじめで、それでは新しすぎるので、応神の東遷のところだけを記紀は神武につくりあげたということである。それでは、「任那から来た崇神天皇」は、外国の文献ではだれにあたるかというと、江上氏はそれを魏志東夷伝韓ノ条に出てくる「辰王」にあてる」。『清張通史2　空白の世紀　松本清張』、講談社、P168、P169、

「ただ、東夷伝・弁辰のところに、弁辰十二国は辰王に属するが、辰王はよそからの流移の人であるため、自立して王となることができない、という難解な記事がある。この辰王がその後どうなったかわからない。江上波夫氏の「騎馬民族説」では、この辰王勢力が北九州に上陸したのち河内に移り、いわゆる河内王朝（応神）をたてたと推定する」。『清張通史2　空白の世紀　松本清張』、講談社、P59、

（3）三王朝交代説

「ここで、南朝鮮（百済）と倭との関連事項を列挙してみると、「三世紀中葉の約三十年間、倭の邪馬台国は朝鮮の帯方郡を通じて魏・晋と国交を結んだ。そのころ朝鮮から古墳の築造を学んだ。この国交と古墳の築造は時期的にさして差がなくはじまり、いずれも日本の国家形成にかかわる問題である。ところが国交は約三十年間で頓挫したのにたいし、古墳の築造はその後三百年以上にわたって発展をつづけた」。『古代朝鮮　井上英雄』講談社学術文庫１６７８、Ｐ１００、

邪馬台国の時代から大和朝廷成立過程を振り返ってみると、いくつかの段階があり、その過程で、朝鮮半島、中国からの避難民、新天地を求めた当時の進歩人が、各地の有力豪族勢力へと流入が続き、大

和朝廷成立へと進んだものと思われる。

ここで日本の王朝を考えてみよう。「終戦直後の古代史学会にセンセーションを巻き起こした学説に江上波夫氏の騎馬民族征服説がある（『騎馬民族国家』）。～～、さらに騎馬民族征服説の影響を受けて戦後新しく提唱された学説として、水野祐氏の三王朝交代説がある」（『増訂　日本古代王朝史論序説』）。『謎の大王　継体天皇』水谷千秋、文春新書（192）、P16-17、

水谷千秋氏の『謎の大王　継体天皇』著には、「水野祐氏の三王朝交代説がある（『増訂　日本古代王朝史論序説』）。これは四世紀代の古王朝、五世紀代の中王朝、六世紀以降現代に至る新王朝と古代日本には血統の異なる三つの王朝が交代したとする説だ。～～この説によると、まず古王朝は四世紀初めから四世紀末ころまでとされる。天皇でいうと、崇神、垂仁、景行、政務、仲哀の五代にあたる。これらの天皇の御陵と王宮は、主として大和平野東南部の磯城《しき》郡一帯に分布している。日本最古の巨大前方後円墳といわれる箸墓古墳のあるのもこのあたりで、いずれもちょうど三輪山の麓にあたるところから、これを三輪王朝と呼ぶ論者が多い。～、また、崇神に始まる王朝という意味で、崇神王朝ともいう）。～「つぎに、主に五世紀代に栄えた中王朝がある。これは、応神、仁徳、履中、反正、允恭、安康、雄略、清寧、顕造、仁賢、武烈の十一代の天皇である。それまでの天皇の宮と御陵が主に大和国の磯城地方にあったのに対して、この十一代では河内に多いことが特徴的である。とりわけ、百舌鳥《もず》古墳

群の仁徳陵古墳（大仙古墳）と古市古墳群の応神陵古墳（誉《こん》田山古墳）は、日本有数の巨大古墳としてあまりにも有名であろう。そこでこれを河内王朝と呼んでいる」。この五世紀代に栄えた中王朝の時代が、「倭の五王」が活躍した時代である（筆者）。『謎の大王　継体天皇、水谷千秋、文春新書（192）』、平成22年6月15日、第16刷発行、P16、P17、

藤間（生大）氏は、「一九五七年に、地方で大きな立派な大古墳をつくっている出雲、吉備、北九州、尾張、毛野等の大豪族を単なる豪族でなくて国家の首長であるとし、大和国家だけでなく出雲国家・吉備国家・北九州国家・尾張国家・毛野国家などといった多元的な国家が、四、五世紀の日本には存在したでだろうと主張したことがある（拙稿「吉備と出雲」『私たちの考古学』一四号）」。『倭の五王、藤間生大著』、岩波新書・D87、P139、

応神・仁徳の陵墓：「仁徳陵は全長四八六メートル、後円部の高さ三十五・五メートル、前方部の領域はエジプト最大のピラミッドを、その中に入れるだけの広さを持っている。考古学者の梅原末治の計算によると一日千人を動員して、四年はかかるといわれている。応神陵の全長はこれより短く、四一七メートルであるが、日本第二の大きさである。履中のものは三六五メートルで、第三位の長さである（末永雅雄、『日本の古墳』）」。『倭の五王、藤間生大著』、岩波新書・D87、P80、

「次に問題になるのは、河内王朝から継体王朝の変遷だ。水野祐氏は、第二十五代武烈と第二十六代継体天皇の間にも血統の断裂があるととらえる。氏は、携帯は越前か近江の豪族で、王位を奪いとったのであるとし、この王朝こそが現今の天皇家に直接連なる王統である、と考えた。〜〜、一九七二年になって、岡田精司氏は、継体の出身氏族は『記・紀』の記述のなかになにか特別の扱いがあるはずだとし、それはつぎの三条件を満たすものではないかとした（「継体天皇の出目とその背景」『日本史研究』第一二八号）。一、朝廷において特別の皇親待遇をうけていること。二、皇統譜にもその氏族との特別な関係が反映していること。三、神話や王朝の起源に関わる伝承にその氏族の痕跡がみられること。この三条件を満たす氏族として、氏は近江国坂田郡を本拠とする、息長《おきなが》氏を継体の出身氏族に特定した。息長氏は、『古事記』に応神天皇の後裔と記され、天武朝に八色《やくさ》の姓《かばね》の最高位「真人」を賜った皇族氏族である。七世紀末に天武天皇は、中央豪族を新たに八種にランクづける八色の姓を制定した。その最高位に任じられたのが、天皇家と最も近い父系親族にあたる息長氏など十三氏の豪族なのである。継体には息長氏真手王の娘「広媛」が嫁いでいる。一方で応神の母神功皇后の実名は「息長足姫」といい、応神の妃のひとりに「息長真若中比売《おきながなかつつひめ》」という名前もみられる。これらにみられるように、息長氏は皇族氏族であるとともに、天皇家と幾重にも密接に絡んだ系譜をもっている。〜、岡田氏は、息長氏は琵琶湖の湖上交通路を支配することによって掌握した経済力を勢力基盤として、近畿北部から北陸、東海へかけての地方豪族を背景に王位を獲得したのである、と推定した。ただ岡田氏も河内王朝から継体王朝への転換に際して、大伴《おおむらじ》や伴造《とものやつこ》といった前政権の支配機構をそっくりそのまま継受していることと、血統の点でも継体は前の大王家の皇女を妻とすることによって入り婿の形で王位を継承していることを指摘し、河内王朝と継体王朝とを「王朝」として区別できるかどうか、疑問が残るとも述べている。『謎の大王　継体天皇』水谷千秋、文春新書（192）、P19、P21、22、23、

第四章　古代朝鮮の国々

（1）古代朝鮮

「古代朝鮮について調べてみると、韓地に関する確実な文献は、現存のものでは、『魏史』の漢伝とそれに引用せられている『魏略』とがはじめのものであって、それによって、三世紀の状態が知られ、並びにやや遡って、一、二世紀ごろの大体の様子が想像せられる」。『古事記及び日本書紀の研究［完全版］』津田左右吉、毎日ワンズ、P330、331、

注：『三国志』の中の『魏書』、通説に従って『魏志』と略称する。『三国志』は晋の陳寿が太康年間（二八〇～二八九年に編集。

「中国の戦国時代後半から、燕を中心とする北部中国と朝鮮の諸族との交易が開かれ、前一九五年、燕国が漢と対立し滅亡すると、燕人満が土着勢力やそれ以前に渡来していた中国人を結集して、西北朝

鮮に衛氏朝鮮を建設した」。『古代朝鮮　井上秀雄』、講談社学術文庫、１６７８、Ｐ３８、

注：燕、河北省北部全体を指す、歴史的にこの地域に建てられた国名。三国時代に公孫淵が魏からの自立を企てて名乗った（二三六〜二三八年）。

注：衛氏朝鮮（紀元前一九五年?〜前一〇八年）は、その実在について論争のない朝鮮半島の最初の国家である。中国の燕に出目を持つ中国人亡命者である衛満（『史記』及び『漢書』には名のみ「満」と記す。姓を「衛」と記すのは二世紀頃に書かれた王符の『潜夫論』以降）が今の朝鮮半島北部に建国した。ウィキペディア、２０２１年１０月２４日（日）０７・２６、

「前一〇九年、漢の武帝は衛氏朝鮮を討った。〜〜朝鮮王右渠は、山東半島の斉から渤海湾を渡った海軍と遼東郡の陸軍あわせて五万の大軍を迎え撃ってこれを破り、さらに七千人の海軍をも撃破し、漢に一時侵略を停止させるほど大打撃を与えた。『古代朝鮮　井上秀雄』、講談社学術文庫１６７８、Ｐ３９、

漢の郡県支配、「前一〇八年、衛氏朝鮮の地に楽浪・臨屯・玄菟・真番の四郡をおいたという」。〜〜、「前八二年には真番・臨屯両郡が廃止され、その一部が玄菟・楽浪二郡に吸収された。このとき玄菟の

郡治が高句麗県（現在の中国吉林省通溝）に移された」。『古代朝鮮　井上秀雄』、講談社学術文庫1678、P41、

『三国志』（巻三十・魏書三十・烏丸鮮卑東夷伝）・韓伝の朝鮮南部の国、三韓と言われた国々、「韓は帯方郡の南にあって、東西は海まで続いている。南は倭と接している。三種類に分かれていて、馬韓、辰韓、そして弁韓という。辰韓は昔の辰国のことである。馬韓は西に位置している」。「この倭はむろん日本列島の倭国のことではなく、南朝鮮にあった倭種の居住地帯のことである。そうしてこの倭は弁辰のうちの「瀆盧《とくろ》国と界を接していた」というから、倭もまた辰韓・弁辰グループに入っていたことになる。げんに「辰韓人の男女は倭に近く、また文身《いれずみ》している」と東夷伝は書いている」『清張通史2　空白の世紀　松本清張』、講談社、P62、

注：秦韓：南朝鮮にあった辰国はすでに『漢書』にもあって、それは古代中国の秦の人々が移住してその故国の名を南朝鮮に移したものであろうといい、それが秦韓とも呼ばれるようになったのだと考える（喜田貞吉、『民族と歴史』第六号第一号（大正十年七月）。

『魏志』韓伝：「三韓地方は濊族地方以北よりも生産力が豊かで人口も多く、馬韓五十余国のうち大国は一万余戸、小国でも数千戸であって、総計十余万戸といわれている。辰韓・弁韓地域は地理的な制約

もあって、馬韓よりも小国の規模がやや少なく、二十四の小国中、大きいものは四千~五千戸、小さいものは六百~七百戸で、総計四万~五万戸であったという。」『古代朝鮮』井上秀雄、講談社学術文庫（1678）、P68、

「韓伝の中で古くから問題とされている辰国・辰王記事について、~~、「辰韓はいにしえの辰国である」とし、~~、「かって辰国王が辰韓を支配していたが、魏の時代では馬韓の一国である月支国のみを治めていたといえよう」。~~、「その十二国は辰王に従属している。辰王はつねに馬韓人を用いてこれにあてている。代々あいついできた。しかし辰王は自立して王となることはできなかった。この文章ははなはだ理解しがたく、~~、韓伝の記事全体から推測すれば、その十二国は弁韓ではなく辰韓をさすことになろう」。『古代朝鮮　井上秀雄』、講談社学術文庫1678、P60、

「辰韓は馬韓の東方にある。辰韓の老人たちは、代々こう言い伝えている。「昔、中国の秦の代に、労役を避けて韓国に逃げてきたものがいて、馬韓が、東部の地域を割いてその人々に与えた。それが我々である」。「辰韓には砦がある。言葉は馬韓とは異なり、国を邦《ほう》といい、弓を弧《こ》といい、賊を寇《こう》といい、酒を杯にそそいですすめることを行觴《こうしょう》という。お互いを呼び合うには徒《と》という。これらは秦人《しんひと》の言葉に似ているところがあり、ただ燕や斉の物の名称だけが伝わったのではないことを示している」。『倭国伝　中國正史に描かれた日本』、藤堂明保ら（現代語訳）、P90、91、

また、『三国志』韓伝には、「馬韓は西に位置している。そこの人は土着の民で、耕作をし、絹を作ることを知り、綿布も織っている。それぞれの国には権力者がいて、勢力の大きな者は自らを臣智（しんち）といい、その次のものは、邑借《ゆうしゃく》といった。～～、辰王は月支国を統治していて、臣智は優呼臣雲遣支報安、以下、次、次と十四字も続いた号を加えることもある。辰王の臣下には、魏から卒善・邑君・帰義候・中郎将・都尉・伯長などの官名を受けている者がいる。朝鮮候の箕準は、以前から自分で王と名乗っていたが、燕から亡命してきた衛満に国を攻めとられてしまった。箕準《きじゅん》は側近の官人たちを率いて逃げ、海路、馬韓人の土地に入って住みつき、自ら韓王といった。箕準の子孫はその後絶えてしまったが、韓人には今でも箕準の祭祀を奉る人がいる。韓は、中国の漢代には楽浪郡に属し、季節ごとに郡の役所に挨拶に来ていた」。『倭国伝　中國正史に描かれた日本』、藤堂明保ら（現代語訳）、Ｐ８６、Ｐ８７、

「四四年になると、朝鮮南部の国家形成が進展し、楽浪郡に朝貢するものが現れた。ついで五七年にも朝鮮南部の倭・韓族の朝貢が伝えられている」。～～、「一世紀中葉には、朝鮮南部の韓・倭が遼東郡に朝貢したという」。『古代朝鮮　井上秀雄』、講談社学術文庫１６７８、Ｐ４４、Ｐ４５、

「後漢の桓帝・霊帝時代（一四六～一八九年）の末頃になると、韓や濊が強盛になり、楽浪郡やその支

配下の県が統制することができなくなってきた。そして、それらの郡県の人々が多数韓の諸国に流入した」。『倭国伝　中國正史に描かれた日本』、藤堂明保ら（現代語訳）、P88、

「韓の人々の風俗は、法律規則は少なく、諸国の都には主師《しゅすい》がいるけれども、村落は入り乱っていてなかなか統轄できない。人々の間に跪拝《きはい》の礼は無い。住居として、屋根を草で葺いた土の家をつくるが、その形は中国の冢《はか》のようである。家の戸口は上にあって家族は全部その中で暮らしている。年齢や男女による区別はない。死んだ者を　葬るときには、墓に槨はあるが棺はない。牛馬を乗用に使うことを知らない。牛馬はみな副葬に使用してしまう」。～～『倭国伝　中國正史に描かれた日本』、藤堂明保ら（現代語訳）、P89、

「韓の人々は、性格は強く勇敢で、頭に何も被らずまげを見せているところは、狼煙を扱う兵のようである。そして麻布の衣服を着、足に底の厚い皮ぞうりを履いている。国をあげて何事かを行うときや、また国が城郭を建造させるときには、少年たちの勇敢で健康な者たちに背負わせた皮に孔をあけ、太い縄で綴り、また長さ一丈ほどの木をこれに差し込み、一日中叫び声をあげて作業をして、少年たちはこれを苦痛としない。そうした作業をやらせておいて、その上で壮健な者と認めるのである。毎年五月には作物の種を播き終え、そこで鬼神を祭る。多数が集まって歌い踊り酒を飲んで昼夜休まず遊ぶ。～～「十月に収穫が終わったときも、またこのようにする。鬼神を信じ、国の都ごとに一人を立てて天神

を祭る司祭とし、天君と名づけている。また国ごとにそれぞれ、蘇塗《そと》と呼ばれる特別な村がある。そこに大木を立て、鈴と鼓を懸けて、鬼神に仕えている。いろいろな理由をもった逃亡者が、この村に逃げ込めば、追っ手に彼を引き渡すことはしない。そのため盗賊が多くなっている」。～～、「馬韓諸国の北部の、帯方郡や楽浪郡に近い国々では、やや礼儀をわきまえているが、両郡から遠い国々では、まさに囚人や奴婢が集まったにすぎないような様子である。馬韓にはとりたてて珍しい宝はない。動物や植物はほぼ中国と同じである。大きさが梨くらいある大栗を産する。また尾の長さが五尺あまりの尾長鶏がいる。馬韓の男には、時々入れ墨をしているものがいる」。『倭国伝　中國正史に描かれた日本』、藤堂明保ら（現代語訳）、Ｐ８９、Ｐ９０、

『三国志韓伝』によると、三世紀の百済は、小国五〇余国、大国は万余家、小国は数千家、各々の国には渠帥《きょすい》（酋長）があり、分立の状態であった。馬韓という総称で、これら五十余国は呼ばれている。ちょうどそれは卑弥呼が出てくる二世紀前半の倭のように、各国を統括する権力も機構もなかったのと似ている。『倭の五王、藤間生大著』、岩波新書・Ｄ８７、Ｐ１１１、

『魏志』韓伝では、「その風俗は法規が少なく、国や村には首長がいるけれども、村人と一緒に住み、充分支配することができない。ひざまずいて敬礼する作法さえない」「しかしその国が危急な場合には、首長の命令で国の集会所に集まり、城郭を築くなどのことをする」、～～、例えば成人式の行事として

「多くの勇ましい少年たちは皆、背中の皮に穴をあけ、太い縄をこれに通し、その先に一丈余の大木を結び付け、一日中、大声をあげながらこれをひきずり、痛いなどと弱音をはかず、きめられた聖地まで大木をひきずりながらたどりつくと、一人前の健児と認められる」とある。これは後世、新羅の花郎の苦行に通ずるものとしている。『古代朝鮮　井上秀雄』、講談社学術文庫1678、P70、

「百済と新羅のあいだにあって、魏志東夷伝に弁辰（弁韓）と書かれた南朝鮮の海峡に面した中央部も一つにまとまった。これが問題の「伽耶《かや》」とか、「加羅」とか「任那」とか呼ばれる地域である。三世紀半に辰韓が十二国、弁辰が十二国、馬韓が五十余国に分かれ、また、それぞれに小別邑《べつゆう》があったと東夷伝に記された小部落共同体の散在が、百年後の四世紀半ではそれぞれ地域ごとに統合して朝鮮南半部の東部に新羅、中央に加耶（いちおう書いておく）、西に百済となった」。『清張通史2　空白の世紀　』松本清張、講談社、P59、

「加那国に「国家」らしい統一が最後までなかったのは、そこが倭国に移って政権をつくった扶余族の旧地で、その支配権を倭国がにぎっていたからにほかならぬ」。『清張通史2　空白の世紀　松本清張』、講談社、P97、

「魏志東夷伝には、「辰韓と馬韓とは言語がちがうとある。風習も異なっているように書いてある。そ

の間にはさまる弁辰の人々は、馬韓よりも辰韓に近かったらしい」。「弁辰は辰韓と雑居し、衣服・居処は辰韓と同じ。言語、法俗も似ている」と東夷伝は記している」。『清張通史2　空白の世紀　松本清張』、講談社、P61、

「楽浪郡の人を阿残《あざん》と呼んでいる。これは東方の人々は自分の事を阿といっていて、楽浪郡の人はもともとその土地に残留した人だという意味である。今辰韓を秦韓と呼ぶ者もいる。はじめは六国だった。のち、しだいに分かれて十二国となった。弁辰もまた十二国である。他にもまた多くの小さな国（別邑《べつゆう》）があって、それぞれに渠帥《きょすい》がいる。そのうち勢力の大きいものを臣智と名づけ、その次の勢力をもつものは険側と名づけ、その次を〜〜、次を邑借といった」。『倭国伝　中國正史に描かれた日本』、藤堂明保ら（現代語訳）、P91、

「弁辰と辰韓を合わせて二十四国となる。その中の大国は戸数四、五千、小国は戸数六、七百で総数四、五万戸である。辰韓十二国は辰王に服属している。辰王には常に馬韓の人を当てていて、代々世襲である。辰王は、馬韓から独立して王となることはできない。弁辰の土地は肥沃で、五穀や稲をつくるのに適している。蚕を飼い桑を植えることを知っており、縑《けん》布を作り、牛馬に乗ったり車を引かせたりしている。婚姻の際の礼儀風習は、男女の区別がなされている。死者を送るときは、大鳥の羽を飾る。その意味は、死者をその大鳥の羽で天へ飛翔させようとするものである。弁辰の国々は鉄を産出し、

韓・濊・倭の人々はみなこの鉄をとっている。いろいろな商取引にはみな鉄を用い、中国で銅銭を用いるのと同じである。またこの鉄は帯方・楽浪の二郡にも供給されている。弁辰の風俗としては、歌舞や、飲酒を好む。筑に似た形の瑟《しつ》があって、これで弾く音曲もある。子供が生まれると、石でもってその頭を圧迫し、平にしようとする。それで、今、辰韓の人はみな扁平な頭をしている。男女の風習は倭人のそれに近く、男女ともに入れ墨をしている。戦闘では歩戦し、兵器は馬韓と同じである。弁辰の習慣では、道で人に行き会えば、みなとまって路をゆずる。弁辰は、辰韓の人と入り混じって生活している。また城郭がある。衣服や住居などは辰韓と同じである。言葉や生活の規律はお互いに似ているが、鬼神の祭り方は違っている。竈（そう、かまど、筆者）はみな家の西側につくっている。弁辰の瀆盧国《とくろ》は倭と隣り合っている。弁辰の十二国はそれぞれ王がいる。弁辰の人は、みな背が高い。衣服は清潔で、髪を長くのばしている。また広幅の目の細かい布を織ることができる。規律は大変厳しい」。『倭国伝　中國正史に描かれた日本』、藤堂明保ら（現代語訳）、Ｐ９１、Ｐ９２、

「三世紀の朝鮮では、その北部から中国の東北三省にかけて濊貊《かいはく》系諸族がおり、南部には韓族がいたとしている。〜、二から三世紀の中国文献で貊《はく》だけが用いられるときは、かならず鴨緑江流域の高句麗部族を指すようになる」。『古代朝鮮』井上英雄、講談社学術文庫（１６７８）、Ｐ３１、

注：貊（貉）は北方民族の総称で、濊は秦時代にはじめて現れる北方の一民族名である。漢代になると

濊貊《かいはく》（又は、わいはく）という熟語ができ、濊という現実の民族名と古典的な北方諸族の総称の貉とを結び付けて、北方系であることを示した。

「公孫度が遼東郡を支配すると、楽浪郡を復興し、さらに東方の濊族や南方の韓族を支配するため、二〇五年ごろ、楽浪郡の屯有県以南を帯方郡とし、朝鮮南部の倭族や韓族を支配した。～、～、時はあたかも、中国史上に名高い後漢末、魏・呉・蜀対立の三国時代であった」。『古代朝鮮　井上秀雄』、講談社学術文庫（1678）、P52、

注：公孫度《こうそんたく》、中国後漢末期の群雄、幽州遼東郡襄平県の人、孫には公孫淵がいる。公孫淵は中国、三国時代に遼東から北朝鮮一帯に独立した燕国の王。ウィキペディア（2021年5月15日（土）、13：10、

「建安年間（一九六―二二〇年）には、公孫康が楽浪郡の屯有県以南の荒地を分割して帯方郡を新設した。また、公孫模・張敞らを帯方郡に派遣して、漢の遺民を終結させて、軍隊を組織し、韓・濊を征討させた。そのため、韓・濊の諸国に住んでいたもとの漢の郡県の支配下にあった人々が、少しずつ出てくるようになった。このあとで、倭も韓も帯方郡に所属するようになったのである」。『倭国伝　中國正史に描かれた日本』、藤堂明保ら（現代語訳）、P88、

注：公孫康、中国後漢末から三国時代にかけての群雄、家系は公孫氏、父は公孫度、子に公孫淵がいる。
ウィキペディア、２０２０年６月１８日（木）、

「魏の景初中（二三七〜二三九年）、明帝は密かに帯方太守劉昕《りゅうきん》と楽浪太守鮮于嗣《せんうし》を派遣して、海を渡って帯方・楽浪の二郡を平定させた。そして諸国の国王たちである臣智《しんち》には邑君《ゆうくん》の印綬を賜い、次位の者には邑長の印綬を下し与えた。一般の風習としては、衣服と頭巾を好み、庶民が帯方郡や楽浪郡に来て挨拶するときは、みな衣服と頭巾を借りて身につける。自分で印綬や衣服・頭巾をつける者は千人以上もいる。魏の部従事の呉林は、楽浪郡がもともと韓の諸国を統括していたという理由で、辰韓のうち八国を分割し、楽浪郡に編入した。その際、役人の通訳に、話が違うところがあった。臣智は諸韓国人々を奮激させて怒り、帯方郡の崎離営《きりえい》を攻撃した。当時の帯方郡太守の劉茂は、軍隊を編成して韓族を討伐した。弓遵は戦死したが、帯方・楽浪の連合軍はとうとう韓族を制圧してしまった」。『倭国伝中國正史に描かれた日本』、藤堂明保ら（現代語訳）、Ｐ８８、

また『晋書』を見ると、武帝の時代（二六五年〜二八九年）に馬韓、辰韓貢献の記事があるから、この状態は三世紀の終わりまで同様であったと想像せられる。ただ、この時代の百済の位置がどこであったかは明らかにわからぬが、四世紀の中頃になると、それがいわゆる漢城の南の広州を首都とする

大国となって、馬韓の全領域を領有している上に、もとの帯方郡の一部分、すなわちほぼ今の京畿道の大部分を占領していたことは、半島の歴史の研究結果として知られている。そうしてその頃には、楽浪郡及び帯方郡の北部は高句麗の領土になっていたので、百済はこの高句麗と衝突するという形勢であった」。『古事記及び日本書紀の研究［完全版］』津田左右吉、毎日ワンズ、P34

『魏志』韓伝には、「二三八年、魏が公孫淵を滅ぼすと、朝鮮南部の韓族や日本の邪馬台国から使節が朝貢しはじめた。韓族は一時、魏の郡県と対立するが、二四六年、韓の那奚《けい》等数十国が朝貢をはじめると、再びこの地方との国交が回復した。魏の東方政策は遼東郡を起点とし、楽浪・帯方二郡を前身基地としていた。～～二四四年のカン丘倹《きゅうけん》の遠征でもわかるように、その政策の対象とする国は高句麗を第一とし、これに付随して扶余・沃沮《よくそ》・挹婁《ゆうろ》・濊《かい》の諸地域にも侵入した。これにたいし、朝鮮南部の韓族地域には積極的な軍事行動をとっておらず、この地方の事情は韓族や倭人の朝貢によって知るにすぎなかった」。『古代朝鮮　井上秀雄』、講談社学術文庫1678、P58、

注：毌《かん》丘倹、中国三国時代の魏の武将。

「三世紀後半、晋王朝になって急激に増加した馬韓・弁韓の朝貢記事は、辰国問題とは別個に韓族の国家形成への胎動を示すものといえよう。このような気運の中で、楽浪・帯方二郡の滅亡は韓族諸国の国

家形成にを促進する役割を担った。二郡滅亡以後六十年にして、中国との国交は馬韓諸国から百済に、辰韓諸国から新羅国にかわったのである」。『古代朝鮮　井上秀雄』、講談社学術文庫1678、P77、

「魏時代の東方諸民族でいちおう統一国家の形態をとっていたのは扶余と高句麗のみで、他は集落連合国家ないし地域別の小国家の段階であった。朝鮮半島東北部の沃沮族や東部の濊族は、高句麗の支配下に属することもあって、共同体を基盤とする社会組織が強固であるが、政治的な統一国家を形成するにいたっていなかったのである」『古代朝鮮　井上秀雄』、講談社学術文庫（1678）、P64、P65、

「四世紀ごろ、馬韓の地に北から扶余族が入り土着民を統一して百済をつくり、それよりおくれ辰韓に入った扶余族も新羅を建国した」。『清張通史2　空白の世紀　松本清張』、講談社、P98、

（2）百済の建国

『空白の世紀』の著者、松本清張は、「華北がオモチャ箱をひっくり返したようにいよいよ乱れると（五湖十六国の時代、筆者）、魏志東夷伝に馬韓の一国として書かれている伯済《せい》国に前から入り込んで

いた扶余族が入り込んで、この地方を統一して百済を建国（三四六）した。高句麗が楽浪・帯方二郡を収めて三十三年目で、百済は北の南漢江（ソウル付近）までも勢力を伸ばしたから、ここに高句麗と百済とは勢力を接することになった」。『清張通史2　空白の世紀　』松本清張、講談社、P58

注：扶余族とは、北満州いったいにいたツングース系の民族で、高句麗はその一氏族である。三世紀に魏の毌丘倹が高句麗を攻撃してこれを北へ走らせたとき、扶余族にも大動揺が起こり、その一部が朝鮮に南下したともいうし、あるいはその前に鮮卑と高句麗に圧迫されて南に移ったともいわれている。その主力は朝鮮の東北部（咸鏡道方面）に移住して、そのほうは「東扶余」と呼ばれたが、馬韓には、それほど大多数の集団移住ではなかったらしい。『清張通史2　空白の世紀　松本清張』、講談社、P62

「三一三年の楽浪郡の滅亡と翌年の帯方郡滅亡とは、前一〇八年の漢の朝鮮四郡設置以来の中国の朝鮮諸民族支配に終わりを告げたものであった。～～そして、韓族諸国の国家形成を促進する役割を担った。二郡滅亡以後六十年にして、中国との国交は馬韓諸国から百済国に、辰韓諸国から新羅国にかわったのである」。『古代朝鮮』井上秀雄、講談社学術文庫（1678）、P76、77、

三六九年の高句麗との最初の闘いに百済は勝利したものの、高句麗の活発な動きは、百済のショッ

クを与えたに違いない。～～、こうした対立のなかで、馬韓およそ五〇余国のうちの一国である伯済《はくさい》国（『三国志韓伝』）が、馬韓統一の中核的な存在になったにちがいない。馬韓諸国の統一体の国名が百済（伯済と同じ発音か、字形として類似）という名をもったのは、そのことのあらわれである。百済国の首長は当然伯済国の首長がなったであろう。四七二年に北魏に出した百済王慶（蓋鹵《こうろ》）王の上表文によると、自分たちはもと高句麗と同じ扶余の出であるといっている。まさに伯済国は北方から南下したいわゆる騎馬民族である。したがって農業民族である馬韓の大部分をしめる韓族とは違い、活発な行動力を相対的にゆたかにもっていたのであろうが、その居住地は北方騎馬民族の出であるだけに高句麗に近い。百済国の首都漢城が漢江領域という百済国としては北辺の地におかれたのはその為であろう。この異色の伯済という国が内部にあったので、馬韓・辰韓・弁韓の内でも、馬韓は最も早く統一国家ができたのである。『倭の五王、藤間生大著』、岩波新書・D87、P113、P114、

「『三国史記』百済本記では～～、第十三代近肖古王時代になると、百済は馬韓の北部の小国家を代表する地位にたって、高句麗の南下を阻み、三七一年には高句麗の平壌城を攻め落とし、故国原王を戦死させた。この戦勝によって百済の名は東アジアの諸国に認められ、翌年、はじめて百済の使節が東晋に朝貢し、東晋から百済王余句（近肖古王）を鎮東将軍領楽浪太守に封建されている」『古代朝鮮　井上秀雄』、講談社学術文庫（1678）、P112、

注『三国史記』は、（新羅、百済、高句麗の三国の歴史を書いたもので、高麗（九三五〜一三九二）の金富軾らの撰で全五十巻、仁宗の二三年（一一四五）にできた。

「百済はその後、東晋のみならず北朝の秦にも朝貢しており、さらに三八七年に王の太子余暉が東晋から冊封をうけ、四一六年には百済王余映《よおう》（腆支《てんし》）も東晋から冊封を受けている。同年、宋の高祖が即位すると、すぐ百済王の進号が認められ、使時節都督百済諸軍事鎮東大将軍百済王となった。宋代（四二〇〜四七九）を通じて百済王やその家臣が宋との冊封関係を緊密に結んでいた」。『古代朝鮮』井上秀雄、講談社学術文庫（１６７８）、Ｐ９５、

（３）百済と倭

松本清張の『清張通史２　空白の世紀』には、「職麻那那加比跪《ちくまななながひこ》（百済記）という将軍にひきいられた倭の軍隊が百済の軍とともに新羅を討ち（三六七）、二年後また倭・百済の対新羅の共同作戦があり（三六九）、百済軍は勢いにのって高句麗の新都平壌を攻めて故国原王を戦死させたことはまえに書いた。この倭百済共同作戦行動がいったん終わったのちの三七二年に、百済の肖古王が使者久氏（くてい）らを倭国におくって、七支刀《ななさやのたち》と七子鏡《ななつごのかがみ》とを呈上し、両国友好のあかしとした」『清張通史２　空

白の世紀』松本清張、講談社、P84、

「ついで三六四年に「倭兵大いに至る」と、「新羅奈勿尼師今《なこつにしきん》紀」の九年の条に書いてある」〜、「この三六四年から五年たった三六九年の作成と考えられる七枝刀《ななつさやのたち》の事を思い起こす。〜、高句麗とまさに大会戦をしようとしている前夜の三六四年に、大きな動員を新羅にしかけている倭の姿を見たり聞いたりしていては、百済も倭に対して、重大な関心をよせざるをえない。矛先が新羅から百済にうつるという可能性は、いつあるやらわからない」。『倭の五王　藤間生大』岩波新書D87、P127・P128、

「幸い三六九年の高句麗との戦いに勝利はしたものの、「倭王」のために七枝刀をつくって提供せざるをえない政治情勢の下にはあったのである。三九一年の倭の南朝鮮侵略が朴時亭のいうように百済との連合の下に行われたとすると、百済の南鮮進出の目標と、新羅・任那に対する侵略と確保をスムーズにおしすすめようとする倭の目標が一致したことをものがたる。高句麗の攻撃はしばしば行われたが、南朝鮮から倭の勢力を一掃することができなかった」。『倭の五王　藤間生大』岩波新書D87、P128、

「三七二年に百済の近肖古王が東晋から冊封を受けたのは、主として百済の積極外交の成果と思われ

る。『三国史記』によれば百済は前年十月（三七一年）、近肖古王みずから三万の兵を率いて平壌城を攻めた。そのとき高句麗の故国原王もみずから陣頭に立って防戦していたが、流れ矢にあたって戦死した。百済は東方の強国高句麗を撃破し、その王を討ちとるだけでなく、王都についで重要な根拠地平壌城を占領した」。『古代朝鮮』井上秀雄、講談社学術文庫（１６７８）、Ｐ９５、

注：故国原王（生年不詳—３７１年）、高句麗の第十六代の王（在位３３１年—３７１年）、参考までに、広開土王は第１９代である。ウイキペディア、２０２０年8月１１日（火）、

「百済は東晋や宗との国交を海上交通で結んでおり、当時、東アジアで最も進んだ海上交通国であった」〜〜「百済は三七七年に北方の前秦にも朝貢しており、北方の遼西方面に強い関心を抱いていた。前燕の崩壊にともなう遼東、・遼西地方政治的混乱期に百済が三七一年の対高句麗戦の大勝の余勢をかって一時的にも遼西郡を侵略することは、十分可能性のあることである。さらに可能性の強い考えた方をすれば、南朝宗では高句麗に対抗するものとして百済を高く評価している。高句麗が北朝の魏や燕と結んでいるのを牽制する意味でも、百済の遼西郡侵略を誇張して取りあげる必要があったのでなかろうか」。『古代朝鮮』井上秀雄、講談社学術文庫（１６７８）、Ｐ９７、

「『宋書』百済国伝に記す、百済が遼西郡を支配したという、この一見奇妙な記事に、唐代以来中国の

学者達はその解明に苦しんできた。日本史の研究者はこの記事をまったく取りあげず、もっぱら百済と大和朝廷との関係が論議の対象になってきた。しかし、百済王朝の立場でいえば、日本との国交はさして緊急なものではなかった。中国の政治状況が直接影響する百済では、中国諸王朝の国交が外交上もっとも重視されるのは当然のことである。〜〜、日本史の研究者が百済の遼西侵略記事を頭から誤伝としてしりぞけ、大和朝廷との関係は間違いないと考えることには基本的な検討が必要であろう」。『古代朝鮮』井上秀雄、講談社学術文庫（1678）、P97、98、

注：『宋書』、南梁の沈約《ちんしゃく》が四八八年に編纂した、正史、

「要するに三九一年の百済と連合しての倭の南朝鮮進出は、次のような条件の下でなされたのだろう。かねてからねらっていた南鮮進出の倭の希望と、高句麗の北方からの圧迫を、南あるいは東の新羅への進出でおぎなうという百済の希望、この二つの希望の一致があったのだと思う」。『倭の五王、藤間生大著』、岩波新書・D87、120、

この間のことについて、『三国史記百済本紀』では、「倭と百済が初めて関係を結んだのは、三九七年であると書いている。阿莘《か》王の六年の事で、王は太子の腆支《てんし》を倭に入質として出した時だというのである。しかし、三六九年と、現在の学会で推定している泰和四年の年号を銘文にきざんだ七枝刀が、現

在大和の石神神社にある。この刀には「倭王の旨」によって「百滋王」が作り、先世以来これほどの刀はないとしるし、あわせてこの刀は百練の鋼を材料にして作ったもので、百兵といえどもこの刀の威力の前には避けざるを得ない、と書いてある。自らを「百済王」でなく「百滋王」の美称であらわしている所は、彼らの自身と王者の姿を示すものである。こうした実物があるのであるから、日本と百済の国交関係は、三九七年に始まるのではなくて、おそくても三六九年というよりはそれより前にさかのぼるに違いない」。『倭の五王、藤間生大著』、岩波新書・D87、P105、

「阿莘王六年（三九七）、王は朝鮮南部の倭と結んで高句麗と戦うため、太子腆支《てんし》を人質として倭国に送った。同年十一月（四〇二）五月、百済から倭国に使者が出され、翌年二月には倭国の使者が百済に来ている。これは高句麗の南下がきびしくなったため、百済はこれまで深い関心を払わなかった朝鮮南部の倭国と連合することによって、高句麗と対決しようとしたものである」。『古代朝鮮』井上秀雄、講談社学術文庫（1678）、P114、115、

「百済はこの頃はまだ勢いが盛んであって、その首府が漢城にあり、しばしば進撃的態度で北隣の高句麗と戦っていたほどであるが、その高句麗が実は大敵であって、それに対しては大いに戒心を要するのであり、また東には新羅が控えていて、それとも衝突すべき形勢であったから、新たに新羅を破り加羅を保護して韓地の一角に勢力を樹てたわが国に対して交を通じ、何らかの援助を得ようとしたの

であろう。『晋書』によると、それ（百済の日本への帰服）より八年後（三七二年）には東晋にも朝貢をはじめているが、百済の地位はこれでも推測せられる」。『古事記及び日本書紀の研究［完全版］』津田左右吉、毎日ワンズ、Ｐ１２６、

「高句麗の広開土王が即位すると（三九一）、東アジアの諸国に大きな変動が起こった。百済との関係でも二十六年前に失った漢江以北、大同江《てどんがん》以南の地域を三九六年に広開土王が奪回した。阿莘王六年（三九七）、王は朝鮮南部の倭と結んで高句麗と戦うため、太子腆支を人質として倭国に送った。同王十一年（四〇二）五月、百済から倭国に使者が出され、翌年二月には倭国の使者が百済に来ている。これは高句麗の南下がきびしくなったため、百済はこれまで深い関心を払わなかった朝鮮南部の倭国と連合することによって、高句麗と対決しようとしたものである。広開土王陵碑によれば、四〇四年に帯方界（現在の黄海道《ふぁんへど》まで倭軍が進出しているので、百済の対倭外交はいちおうの成功を収めたといえる。『古代朝鮮』井上秀雄、講談社学術文庫（１６７８）、Ｐ１１４、１１５、

「七枝刀《ななつさやのたち》というふり仮名をつけて、「神宮紀」の五十二年九月の条に、その名がでている。〜〜、四世紀半ばに、倭が南朝鮮に圧倒的な力をもっていた。なお『神宮紀』四十九年の条には、もう一つ大切な関連記事がある。済州島を倭が征服し、これを百済に提供したというのである。百済ではお礼の為に、王の肖古と王子の貴須が、南朝鮮にきて、辟の山（全羅北道金堤）や古沙山《こさのむれ》（全羅北道古阜）に登

って、倭の使者たちに、永遠に倭国に従属するとちかったと書いてある。これだけの道具がそろえば、七枝刀は済州島を頂いたお礼と、今後の服従をちかうということで、献上されたものと考えられる」。『倭の五王、藤間生大著』、岩波新書・D87、P106、

『百済本記』に書かれてある任那日本府について、「今日、任那日本府の名称は大和朝廷の出先機関で、近代の朝鮮総督府のようなものと理解されている。このような理解は『百済本記』の意図するところであるが、事実は朝鮮南部の倭人の政治集団を指している。『魏志』韓伝に倭の記載があり、この倭を新羅や百済では加羅諸国の別名としていた。ここでは、新羅や百済に国を奪われた加羅諸国を倭と呼び、その政治勢力を結集していた政治機関があった。『百済本記』の編者は加羅諸国の別名の「倭」を日本列島の倭人と結びつけ、さらにその倭人を支配する大和朝廷の新国名日本と結び付けた。『百済本記』の記事を読めばわかるように、任那日本府と大和朝廷とは直接なんの関係もない。ただその名称が編者の意図するように大和朝廷の勢力が朝鮮南部を侵略しているかのような印象を与えるにすぎない。『百済本記』が任那日本府の名称を作り出したことは、六世紀末の百済外交の転換期に起こった一つの懐柔政策に過ぎない。しかし、その歴史的意味はきわめて重大である。百済はその後、隋・唐の高麗出兵に複雑な感情で対応《はんがん》している。～～、結果的には高句麗を刺激することになり、対立が深まった。新羅とは加羅諸国や漢江流域の争奪戦が七世紀に入るといっそう激化した。そのため百済には大和朝廷の救援がいっそう切実に望まれたのである。恐らくこのような情勢の中で『百済記』が書かれた

ものと思われる。『古代朝鮮』井上秀雄、講談社学術文庫（1678）、P107、

「任那日本府の名称は五九七年に百済が大和朝廷に国交の再開を求めるため、大和朝廷に迎合する歴史書『百済本記』を記述する際に作った語句である。朝鮮古代史側からいえば、大和朝廷の朝鮮南部侵略を認めなければならない根拠はない。」『古代朝鮮』井上秀雄、講談社学術文庫（1678）、P67、

百済の滅亡と倭：白村江《はくすきのえ》の戦い、後述、

「唐・新羅の連合軍が百済総攻撃を決行したのは六六〇年である。その年の六月唐の蘇定方《そていほう》は一〇万の軍を率いて百済へ向かうために山東半島から船団をくんで海を渡った。新羅王金春秋は陸路百済へと軍を進め、唐は五万の軍をもって援軍し、熊津城（公州）泗沘城（扶余）があいついで陥落し、百済の義慈王・王族や貴族は唐へ連れ去られた」。『私の日本古代史（下）上田正昭』新潮選書、P197、

（4）新羅の建国

「百済の建国にさらに十年ほどおくれて、朝鮮東南部に新羅《しんら》が建国された（三五六）。新羅は魏志東夷伝に辰韓の一国として書かれた斯盧《しろ》国が勢力を得て、この地方を合わせた名前である」。『清張通史2

空白の世紀　松本清張』、講談社、P59、

藤堂明保ら著『倭国伝』には、隋書（巻八十一・東夷）新羅について、「新羅《しんら》国は、高句麗の東南にある。漢代の楽浪郡の土地にあたり、斯《し》羅ともいう。三国時代の魏の将軍毋丘倹が高句麗征討を行ったとき（二四四年）、撃ち破れた高句麗人たちは沃沮《よくそ》地に逃げた。その後、また故国に還ったが、その時、沃沮の地に留まった高句麗人たちが新羅の国をつくったのである。そのため、新羅人は中国人・高句麗人・百済《ひゃくさい》人などが混じり合っている。国土は沃沮・不耐《ふたい》・韓・濊《わい》の地方も併せている。新羅王の祖先は、百済人で、百済を逃れ海路新羅に来て、そのまま新羅の国王となった。以来代々世系を連ねて、金真平《きんしんぺい》王（在位五七九～六三二年）の代に至っている。隋の開皇十四年（五九四年）、新羅は隋に使者を派遣して土地の産物を貢納してきた。そこで、隋の文帝は新羅王の金真平を、上開府・楽浪郡公・新羅王に任命した。新羅は、もと百済の属国となっていたが、その後、百済が高句麗に遠征したとき（五五一年）、高句麗の人々は軍役の重さに耐えきれず、集団で新羅に移住し、そのため新羅はだんだん強国となった。そして、百済の属国および加羅諸国を襲っている。～～、隋の大業年間（六〇五～六一七年）以来、毎年、隋朝に朝貢してきている。新羅の国土は厳しい山が多いので、争いつづけている百済《ひゃくさい》も新羅を征服することはできないでいる」。『倭国伝　中國正史に描かれた日本』藤堂明保ら著、講談社学術文庫（2010）、P162、P163、P164、

「日本の南朝鮮支配を最終的に失敗させたのは新羅である。〜『三国史記新羅本紀』によるかぎり、新羅の神話時代ともいうべき始祖赫居世《かつきょせい》の時代から倭人の名はみえる。〜〜、二、三世紀の新羅の故地「弁辰」のことを書いた『三国志弁辰伝』に、国から鉄が出るので、周辺の韓・濊・倭がきて取ってゆくと書いてある。弁韓の時代から倭との関係は深かったのである。この二、三世紀の辰韓時代は、新羅国をつくりあげた斯盧国も、辰韓十二国の一国であり、当時の馬韓と同じように、辰韓も分立した小国が共存していた。なお新羅国の名は、「晋書」にも「宋書」にも出てこない。『梁書武帝紀』普通二年の条に、すなわち五二一年に初めて朝貢国として出てくる。〜〜、百済の建国から半世紀おくれているわけである。〜〜、また六世紀の中頃の新羅王真興は、拡張された新羅の領土を巡視し各地に記念碑をつくった。〜〜、四か所にある巡狩碑である。これらはいずれも六世紀のことである。新羅の統一は百済のそれとくらべて、実力にうったえ、積極的な斯盧《しろ》の行動によってなされたようである。〜、また百済よりは、新羅は高句麗の圧迫をうけることがよわかったので、新羅の自生的発展は有利に展開したことであろう。このため新羅には、百済が倭との協力を必要とするような条件はすくなかった。しかし、新羅は『三国志記』による限り、百済とくらべると比較にならぬ昔から倭との接触と対立があった。〜〜、四世紀の前半は、わりあいに平和的な接触が文献の上では出ている。三〇〇年とされる基臨王の三年の記事は倭国とたずねあうとある。三一二年と三四四年とはともに、嫁をもらいたいという記事である。前者の場合は阿飡《あさん》急利の娘を倭国王に送ったとある。阿飡は新羅の等級では、一七階級のなかの六級にあたる。五級までは真骨（この上に聖骨があり、王族。この両者も婚姻は禁じられている）の人のみがなれる（『三国史記』「雑史」上）。〜〜、三四四年の時は、女がいないといって新羅はことわった。翌年、三四五年に「倭王」は絶交書をたたきつけた。三四六年には、「倭兵にわかに風島にいたり、辺戸をおびやかし、かすめとり、また進んで金城をかこんで攻めてきた。新羅王は出て戦おうとしたが、重臣の康生が、倭兵は遠くからきた。その鋭い攻撃はあたることができない。しかしゆっくりまっておれば、倭兵はよわくなるといった。王はそれに同調し、門を閉じて出なかった。倭兵は食料がつき、ひきあげていった。康生はそこで、強い騎兵をひきつれて追撃し、倭兵を敗走させた」。〜〜、ついで三六四年に、「倭兵大いに至る」と、「新羅奈忽尼師今《なこつにしきん》紀」の九年の条に書いてある。「新羅王これを聞き、恐れて敵することができない。」そこでわら人形の偽装や伏兵一千人を準備し、直進してきた倭人をうったので、倭人は「大敗走し、追撃してこれを殺すこと、かぞえきれない」としている。倭兵の侵略を、これほど大きな形容詞をもって書いた記事は、これまでにない。未曽有の規模の侵略が行われたのである。この三六四年は朝鮮侵略の上で一つの画期をもつものと考えられる。この大軍を統御する「倭王」は、もはや北九州あたりの一豪族ではなくて、倭全部を代表しうるようなものであったと思う。大和国家がイニシアティブをとった朝鮮侵略は、この時から始まるのではなかろうか。これまでのような散発的な倭寇的侵略ではなくて、南朝鮮に足場をつくっての朝鮮侵略であろう」。『倭の五王藤間生大』岩波新書D87、P124、P125、126、127.

七枝刀の記載がある「この神功紀五十二年という年は『書記』の紀年でいくと壬申の年で二五二年に

なる。これでは早すぎる。干支の壬申は正しいであろうから、干支二巡下げて（一二〇年）三七二年を神功五一二年と考える説がある。こうした年代決定ができると、神功が新羅を征伐した年がわかる。すなわち三七二年から、先の神功の治世五十二年をひけばよい。三二〇年、これがその年だというのである。『倭の五王、藤間生大著』、岩波新書・Ｄ８７、ｐ１０６、

筆者はこれらの記事は、神功皇后の三韓征伐、一説には、新羅征伐と重なるのではと考えている。神功皇后六二年（二六二年または三八二年）、葛城襲津彦を遣わして新羅を討つとあり、『百済記』によれば壬午（三八二年）、新羅は日本に朝貢しなかったため、日本は沙至比跪《さちひこ》（襲津彦）を派遣し新羅を討伐した。しかし、沙至比跪は新羅の美女に心を奪われ矛先を加羅にむけ、加羅を滅ぼす。加羅国王己早岐、児白久至らは、百済に亡命する。加羅国王の妹既殿至は、大倭《やまと》の天皇に直訴すると、天皇は怒って、木羅斤資《もくらこんし》を使わし沙至比跪を攻め、加羅を戻した。沙至比跪は天皇の怒りが収まらないことを知ると石穴で自殺したともいう。ウィキペディア、三韓征伐、２０２１年9月１７日（金）、

（5）高句麗の建国

『隋書』（巻八十一・東夷）高麗について、「高麗の先祖は、扶余から出ている。扶余の王は、かって、河の神の娘を捕らえて部屋の閉じ込めておいた。日光がその部屋に差し込んで娘を照らしたために、

娘はそれに感じて妊娠し、一つの大きな卵を生んだ。その子を朱蒙と名づけた。～～、朱蒙は国を建てて「高句麗」と名づけ、「高」を姓とした。朱蒙が死ぬと、その子の閭達《りょたつ》があとを継いだ。その孫の莫来《ばくらい》の時になって軍隊を編成して、扶余を征服併合した。子孫の位宮の代になって、三国の魏の正始年間（二四〇～二四九年）に、中国の西安平県に侵攻した。魏の幽州刺史の毌丘倹が防衛にあたり、高句麗軍を撃退した（二四四年）。位宮の玄孫の子を、昭列帝という。鮮卑の慕容氏と戦って敗れた。鮮卑は高句麗の首都丸都《がんと》に侵入し、その宮殿を焚き、大いに略奪をして引きあげた。昭列帝は後に百済《ひゃくさい》に殺された。昭列帝の曾孫の璉（れん）は、北魏に使者を派遣した。璉の六世の孫の湯《とう》は、北朝の北周《ほくしゅう》の時代（五五六～五八一年）に使者を派遣して朝貢した。北周の武帝は、湯に上開府・遼東郡公・遼東王の位を授けた。隋の高祖が周の静帝から帝位を禅譲されたとき、湯はまた使者を隋の宮廷に派遣した。隋は湯の称号を進めて大将軍とし、あらためて高句麗王に冊封した（五八一年）。湯は隋に毎年使者を派遣して朝貢は絶えることがなかった。～～新羅《しんら》とは、いつも侵攻略奪し合い、戦争が続いている。」

『倭国伝　中国正史に描かれた日本（全訳注）藤堂明保ら、』Ｐ１３９、１４０、１４１、

時代がさかのぼるが、『三国志』（巻三十・魏書三十・烏丸鮮卑東夷伝）、高句麗（現代語訳）に、「高句麗は遼東〈群〉の東千里在り、南は朝鮮・濊貊《わいばく》と、東は沃沮《よくそ》と、北は扶余と接す。丸都《がんと》の下《ふもと》に都《みやこ》し、方二千里加《ばか》り、戸三万。大山深谷多く、原沢《げんたく》無し。山谷に随《したが》いて以って居を為し、澗水《かんすい》（谷川の水、筆者）を食す。良田無く、佃作《でんさく》に力《つと》むと雖も、以って口腹を満たすに足らず」。『倭国伝　中国正史に描

かれた日本（全訳注）藤堂明保ら、』Ｐ４５、

「前七五年に事実上、玄菟郡が崩壊し、遼東郡内に名目的に玄菟郡が作られ、鴨緑江中流域が郡県支配から脱した。～～、高句麗建国の素地になったことだけはたしかである。～～現存最古の朝鮮の歴史書『三国史記』が高句麗の建国を前三七年としたことはそのまま史実と認められないが、高句麗の建国が前一世紀中葉とすることには賛意を表したい。『漢書』王莽伝によれば、西暦八年、王莽が漢を倒し、新国を建てると、四方に使節をだした。このときすでに高句麗は扶余とともに外臣の印綬を与えられ、その独立が承認されている。ついで一二年、王莽は匈奴を攻撃するため高句麗に出兵を要求した。しかし、高句麗王騶《すう》（高句麗の始祖東明王朱蒙の別名騶牟の略）はこの出兵を拒否したので、王莽は高句麗を撃ち騶を斬った」。『古代朝鮮　井上秀雄』、講談社学術文庫１６７８、Ｐ４２、Ｐ４３、

『三国志』（巻三十・魏書三十・烏丸鮮卑東夷伝）、高句麗（現代語訳）に、「後漢の光武帝の建武八年（三二年）に高句麗王は使いを出して朝貢し、はじめて光武帝に謁見して、後漢の支配下にある王と称した」。殤帝・安帝の在世中（一〇五～一二五年）、高句麗王の宮《きゅう》は、しばしば遼東郡を略奪し、あらためて玄菟郡に所属した。遼東郡の長官蔡風《さいふう》と元菟郡の長官姚光《ようこう》は、宮を遼東・玄菟の二郡を荒らすくせ者であるとして軍隊を派遣して討伐した。宮は詐って降伏し和を請うた。～その後も宮はまた遼東郡に侵入した。蔡風は軽率にも役人たちを率いて宮を追撃したが、敗れて戦死した。宮が死んだ後、子

の伯固が即位した。順帝・桓帝の時（一二五〜一六七年）、伯固は、遼東郡に侵入し、新安・居郷を略奪した。また西安平原を攻め、その途上、帯方郡の長官を殺し、楽浪郡の長官の妻子をさらってしまった。霊帝の建寧二年（一六九年）、玄菟郡の長官耿臨が伯固を討ち、数百の敵の首を斬った。伯固は降伏し、遼東郡に臣属した。後漢の霊帝熹平中（一七二〜一七八年）、伯固は玄菟郡に所属することを願い出た。公孫度が海東地域に勢力を伸ばすと、高句麗王の伯固は大加の優居、主簿の然人らを派遣して公孫度を助け、富山《ふざん》の賊を攻撃し、これを破った。伯固が死んだとき、二人の子がいた。長男は抜奇、次男は伊夷模といった。抜奇は不出来だったので国民は一致して伊夷模を王に立てた。伯固の治世の時から、高句麗はしばしば遼東郡を侵略し、また匈奴から逃げてきた者五百余家を受け入れていた。『倭国伝　中国正史に描かれた日本（全訳注）藤堂明保ら、』Ｐ５７、Ｐ５８、

「一〇五年、高句麗は遼東郡の六県を一時奪ったが撃退され、一一一年には扶余が楽浪郡を攻めた。一一八年には高句麗が元菟・楽浪を攻め、一二一〜一二二年には高句麗が馬韓・濊貊種族とともに遼東郡の玄菟城を攻撃している。このとき扶余は遼東郡について高句麗などと戦っている」。『古代朝鮮　井上秀雄』、講談社学術文庫（１６７８）、Ｐ４５、

「このように二世紀は、扶余・高句麗が互いに牽制しながら遼東平野に進出をはかった時期である。〜、〜、結論的にいえば、倭・韓は併記され、その所在も明確にしていない。これが明確な認識をもた

れるのは、公孫氏遼東郡領有時代になってからであろう」。『古代朝鮮　井上秀雄』、講談社学術文庫1678、P47、

注：公孫淵：中国三国時代の武将、遼東の地で自立し燕王と自称した。ウィキペディア、2021年5月15日（土）

「後漢の献帝の建安中（一九六〜二二〇年）、公孫康は軍を出して高句麗を撃ち、その国を破り、村落を焼き払った。抜奇は兄なのに即位できなかったことを恨み、涓奴《けんど》の加とともにおのおの下戸三万余人を将《ひき》いて公孫康に降伏を申し出、後、沸流水のほとりに住んだ。降伏して来ていた匈奴もまた伊夷模を裏切った。伊夷模は場所をあらためて新しい国を作った。今日、高句麗の在る所がこれである。抜奇は遂に遼東郡に住んだが、子供は高句麗国に留まった。現在の古雛加の駮《はく》位居がこれである。その後また、高句麗は玄菟郡を攻撃した。玄菟郡は遼東郡と一緒に迎え撃ち、大勝利を収めた。

伊夷模には子がなかったので、灌奴部《かんどぶ》の女とひそかに通じて子をつくった。その子は位宮となづけられた。伊夷模の死後、曾祖父を王に立てた。今の高句麗王の宮《きゅう》がこれである。その曾祖父も、名を宮という。曾祖父の宮は生まれるとすぐによく目を開いてみることができた。その国人はこれをいやがった。成長するにしたがって、残虐になり、しばしば他国に侵略攻撃し、そのために国は疲弊荒廃してしまった。今の王も生まれおちたとたんにまた、よく目を開いて人をみた。高句麗の言葉では、よく

似たものを「位」と呼ぶ。今の王もその曾祖父に似ているが故に、名づけて位宮とした。位宮は力が強く、勇気もあった。乗馬が達者で狩猟を得意とした。魏の明帝の景初二年（二三八年）、太尉の司馬宣王が、大軍を率いて公孫淵を討った。位宮は、主簿や大加に数千人を率いさせ魏の軍を助けた。魏の廃帝の正始三年（二四二年）、位宮は西安平を略奪したが、正始五年（二四四年）、幽州長官の毋丘倹に敗れた。その話は毋丘倹の伝に記されている」。『倭国伝　中国正史に描かれた日本（全訳注）藤堂明保ら、』P58、P59、

「二四四年、幽州刺史毋丘倹が高句麗を攻撃し、その王都丸都《がんと》城をおとしいれた。高句麗は六年前の魏の遼東郡出兵には援軍を送ったが、その後しばしば遼東郡に侵入した」。『古代朝鮮　井上秀雄』、講談社学術文庫（1678）、P54、

「高句麗は北方の五胡十六国の中国の混乱のすきに、高句麗は本拠の地、現在の中国の遼寧省、吉林省から、兵を出して、鴨緑江を渡って南下し、古代の衛氏朝鮮いらい中国の直轄地だった楽浪郡と帯方郡とを占領してしまった（三一三）。『清張通史2　空白の世紀　松本清張』、講談社、P58、

「分立状態を続けていた馬韓とは対照的なのが高句麗国である。三世紀までには、魏との戦いにあけくれしていたが、三〇三年には北朝鮮にある玄菟郡、三一三には楽浪郡、三一四年には帯方郡をそれ

ぞれ亡ぼし、四世紀の初頭以来、北鮮への侵入は高句麗国の至上命令になった。三三四年には平壌城を増築して、北鮮確保の拠点を強化した。その直後の三四二年には華北にいた燕によって首都の丸都城まで攻め落とされ「故国原王紀」一二年）、その翌年魏への臣従を誓ったが（同上一三年）、その後回復し燕に対する攻撃と北鮮確保という二正面作戦をとることになった。三六九年ついに高句麗は初めて百済と雉壌《ちじょう》であい闘うことになった」。『倭の五王、藤間生大著』、岩波新書・D87、P113、P114、

「高句麗の広開土王が即位すると（三九一）、東アジアの諸国に大きな変動が起こった。百済との関係でも二十六年前に失った漢江《はんがん》以北、大同江《てどんがん》以南の地域を三九六年に広開土王が奪回した。『古代朝鮮』井上秀雄、講談社学術文庫（1678）、P114、115、

好大王碑：高句麗の第19代の王である好太王（広開土王）の業績を称えた、現在の中華人民共和国吉林省通化市集安市に存在する石碑である。この碑は、好太王の子、長寿王が作成したもので、西暦四一四年に建てたとされる。「高句麗の最盛期を作り出したは、広開土王（在位三九一～四一二）・長寿王時代（在位四一三～四九一）である。このうち広開土王については没後二年して建立された墓標―日本で一般に好太王碑といわれる。その中に倭の記事があるので、明治時代から注目されてきた。～～、碑文は三段からなり、碑文第一段は高句麗の開国伝承と建碑の事情で、第二段は王の功績で、第三段は守

墓人烟戸《えんこ》に関するものである。『古代朝鮮　井上秀雄』講談社学術文庫（1678）、P81、P82

碑文第二段には、「三九五年、王は自ら碑麗（沃沮地方）を討伐した。翌六年、王は水軍を率いて百済国を討った。その理由は、百済と新羅はもとから高句麗に隷属し朝貢していたが、倭が辛卯の年（三九一、倭王讃の時代である、筆者）に海を渡り百済などを撃ち破って臣下としたためである。王は百済の多くの城を占領したにもかかわらずなお抵抗したので、漢江を渡り、王城を攻めた。百済王は多くの貢物をだし、家臣になることを誓ったので、王の弟などを入質として凱旋した」。「三九八年に息慎（粛慎）地方に出兵し、服属させた。翌年、百済は先年の誓いを破って倭と和通した。そこで王は百済を討つため平壌にでむいた。ちょうどそのとき新羅からの使いが「多くの倭人が新羅に侵入し、王を倭の臣下とした。どうか高句麗王の救援をお願いしたい」と願い出たので、大王は救援することにした。四〇〇年、五万の大軍を派遣して、新羅を救援した。新羅王都にいたると、その中にいっぱいいた倭軍が退却したので、これを追って任那・加羅に迫った。ところが安羅軍などが逆をついて、新羅の王都を占領した」。「四〇四年、倭が帯方地方（今の黄海道、ファンヘド地方）に侵入してきたので、これを討って大敗させた。四〇七年には五万の大軍を派遣し、今の京畿道北部で兜と鎧一万の戦利品を得るほど大勝した。四一〇年には東扶余を討ってこれを服属させた。この王の功績を記録した部分では、北方の粛慎・東扶余と南方の倭・百済などを討って朝鮮半島と中国の東北三省をほぼ隷属させたといっている。

『三国史記』でもほぼ類似した記事がみられるが、碑文にはない燕との交渉・対立が多く伝えられている。これによれば遼東群での攻防が伝えられ、高句麗は遼東平原をほぼ手にいれたようである。広開土王の治世二十二年間で、これほど広大な領土を獲得したのは王の政治的・軍事的な才能による。」『古代朝鮮　井上秀雄』講談社学術文庫（1678）、P84、85、

「高句麗広開土王（広太王）碑文には、三九一年（辛卯年）から四〇七年（永楽七年）にかけての高句麗の広開土王の勲績、とくに周囲との戦争記事を詳述する。そこに倭が新羅に進駐し、百済と友好関係を結び、加那の任那加羅・安羅と携帯し、高句麗に対抗し続ける仇敵としてしばしば登場する。すなわち三九九年、新羅は倭の侵略を高句麗に訴え、翌四〇〇年、高句麗軍は新羅城（慶州）を占領する倭を退け、任那加羅の従抜城まで追撃して降伏させる。任那加羅も当然、倭に同調していたに違いない。それと同時に、安羅人の守備兵も新羅城などを攻めるが、倭は敗北する。その後も、倭と安羅は高句麗と激戦するが大破される。百済も高句麗との誓約を違えて、倭に荷担する。四〇四年、四〇七年と百済は高句麗と戦うが惨敗を喫した。この時の戦争にも倭が荷担した可能性がある。『倭国史の展開と東アジア　鈴木靖民』岩波書店、P99、

（６）その他の国々

『三国志』（巻三十・魏書三十・烏丸鮮卑東夷伝）には、扶余、高句麗、東沃沮《とうよくそ》、挹婁《ゆうろう》、濊《わい》、韓、倭人の順序で羅列されている。魏の時代では、より身近な国、重要な国の順序で列記されたのである。倭人とは特定された国ではなく、倭人がすむ国々（小別邑、または集落連合国家ないし地域別の小国家の段階、筆者）としている。本書では、現在の朝鮮半島の深い関係の順序として、百済・新羅・高句麗の順序で列記した。以下『三国志』に登場する順序で、記載する。

（その１）扶余

「扶余は長城の北に在り、元菟《と》を去ること千里、南は高句麗と、東は挹婁《ゆうろう》と、西は鮮卑と、接し、北に弱水《じゃくすい》有り、方二千里可《ばか》り。戸は八万、其の土着にして、宮室・倉庫・牢獄有り。山陵・広沢多く、東夷の域に於いて最も平敞《しょう》（高くて平らか）なり。土地は五穀に宜《よろ》しけれど、五果を生ぜず」。『倭国伝　中国正史に描かれた日本』藤本明保ら、講談社学術文庫（２０１０）、ｐ３７、

其の人、麤《そ》大、性は彊《きょう》勇にして謹厚、寇鈔《こうしょう》せず。（以下、現代語で記す）、人々は身体がごつく、性格は勇猛だが、温厚で略奪強盗をしない。国には国主がいる。官吏の役職に六畜の名をつけている。馬加・牛加・猪加・狗加・大使・大使者・使者などがある。村には豪民がいて、下戸を奴僕といっている。

貴族たちの別主は東西南北に別れ出て、権力のある者は数千家を支配し、権力がそうつよくなくても、数百家を支配している。〜〜、殷《いん》の正月（十二月）には天を祭り、国じゅうをあげて連日飲み食いをしたり、歌をうたったり、舞を踊ってりする。このことを「迎鼓」という。この時には、刑を執行したり、囚人を放免したりする。国にいるときには、衣は白い布の大袖や打掛の外套を着て、ズボンをはき、また革靴をはいている。国外に行くときは、綾絹・縁取り・錦・毛織物を着て、大人は狐、くろざる、白貂、黒貂の毛皮を身につけ、金や銀で帽子をかざる。通訳は言葉を伝えるのに、みな跪き、手を地面につけて、小声で話す。刑は大変厳しく、殺人を犯した者は死刑にし、家族は官に没収され、奴婢とされる。一つを盗めばその十二倍償わされる。男女の姦淫、婦人のやきもち、みな死刑にされる。特に女性のやきもちによる罪をもっとも憎み、死刑に処した後、屍を国の南の山上に並べて曝し、腐るまで放置する。その女の屍を引き取るには、牛馬を贖《あがな》いとして納めてのち、やっと引き取ることができる。兄が死んだ場合、兄嫁を弟が娶るのは匈奴と同じ風俗である。その国では家畜をよく養い、名馬・赤玉・てんの毛皮、くろざるの毛皮や真珠を産出する。玉の大きいものは棗《なつめ》の実ほどもある。武器としては、弓・矢・刀・矛があり、それぞれの家に鎧と武器がある。国の年寄りたちは、みずから自分たちは昔、他所から亡命してきた者だと言う。砦をつくるときはぐるりと囲み、牢獄に似ている。道を歩くときは、昼夜の別なく、老いも若きもだれかれとなく歌をうたい、終日その歌声は絶えることがない。戦争があるときもまた天を祭り、牛を殺し、その蹄をみて吉凶を占う。蹄の間が開いているのを凶とし、がっちり閉まっているのを吉とする。敵がいれば、戦士である貴族はみずから戦い、下戸は相連れて食料を担いでいき、貴族に食べさせる。死んだときが夏であれば氷を用いて腐乱を防ぐ。人を殺して殉葬し、多いものでは数百人にのぼる。厚葬し、外棺はあるが内棺はない」。

「扶余はもと漢の玄菟郡に属していた。後漢の末、遼東太守の公孫度は海東に勢力を拡げ、外夷を威力で服従させていったので、扶余王の尉仇台《いきゅうだい》はあらためて後漢の遼東軍に服属した。その頃は高句麗と鮮卑が強かったので、公孫度は扶余が、高句麗と鮮卑の間にあって危ういその立場を強めるために、自分の一族の娘を扶余王に嫁がせた。尉仇台が死んで後、簡位居が即位した。その位居には嫡子がなく、妾腹の子の麻余なる者がいた。位居が死んだとき、夫余の貴族たちはその麻余を即位させた。牛加の兄の子で位居という者が大使となり、財産を惜しまずよく施したので、国人は彼を慕っていた。位居は毎年、都の洛陽に使者を送り、魏に朝貢していた。

　魏の正始中（二四〇〜二四九年）、幽州の長官毌丘倹が高句麗を討った。毌丘倹は玄菟群の太守王頎を扶余に派遣した。扶余の大使位居は、位の高い貴族をつかわして郊外まで出迎えさせ、王頎の軍隊に糧食を提供した」。〜、「もともと夫余の習慣では、出水、干ばつなどの気候が不順で五穀が不作の場合は、その罪を王にきせ、あるいは、王を変えろと言い、あるいは、王を殺せと言う事があった。麻余が死にその子の依慮は六歳で王となった。後漢の時代、扶余王の葬式には玉でできた棺を用い、常にあらかじめその棺を玄菟郡にあずけておいた。王が死ぬとその玉製の棺をとりよせて葬った。公孫淵が魏の司馬懿《しばい》に討たれて死んだとき、玄菟郡の庫《くら》にはなおひとそろいの玉製の棺があった。いま、扶余王の庫には玉璧・珪・瓉など数代にわたって伝えられたきた物がある。世々伝えられた宝であるとされ、年寄たちは先祖が中国の朝廷から下賜された物だという。その印章には「濊王之印」としるされている。扶余には濊城《わい》という名の古城があるので、思うにこの国は濊貊《わいばく》の土地だったのだろう。そして扶余はそこの王となったのだろう。みずから中国からの亡命者と名乗るのはそもそも由来があるからである」。『倭国伝　中国正史に描かれた日本』藤堂明保ら、講談社学術文庫（２０１０）、ｐ３７、ｐ４２、ｐ４３、ｐ４４、

扶余は北満州いったいにいたツングース系の民族で、高句麗はその一氏族である。三世紀に魏の毌丘険《かんきゅうけん》が高句麗を攻撃してこれを北へ走らせたとき、扶余族にも大動揺が起こり、その一部が朝鮮に南下したともいうし、あるいはその前に鮮卑と高句麗に圧迫されて南に移ったともいわれている。その「主力は朝鮮の東北部（咸鏡道方面）に移住して、そのほうは「東扶余」と呼ばれたが、馬韓には、それほど大多数の集団移住ではなかったらしい。馬韓が流入の扶余族に領内の安住をゆるしたのは、そのころ高句麗の後援のもとに濊《わい》種族がしきりと馬韓の辺境に攻めてきていたので、この勇敢な扶余族をその防御にあたらせるためだったという。ところが、本末転倒して扶余族が馬韓種族の主人となってこれを支配し、統一して、百済を建国した。新羅もまた同様である」。『清張通史　空白の世紀』松本清張、講談社、Ｐ６２、６３、

（その２）東沃沮《とうよくそ》

東沃沮は高句麗の蓋馬《がいま》大山の東の大海のほとりに住んでいる。土地の形は東北に狭く、西南に長く、千里くらいである。北方は挹婁・扶余と、南方は濊貊《わいばく》と地つづきである。戸数は五千戸で、大君主は無く、代々、村を作っていてそれぞれの村に長《おさ》がいる。その言語は高句麗とほぼ同じで、たまに違うところがある。

漢の初め、燕からの亡命者衛満が、朝鮮の王となっていた時は、沃沮も朝鮮に属していた。韓の武帝は、元封《げんぽう》二年（前一〇九年）に朝鮮を攻め、衛満の孫、衛右渠《えいゆうきょ》を殺して、その土地を分けて四つの郡とした。その時、沃沮城を玄菟郡としたのである。その後、濊貊《わいばく》に攻められて、漢は玄菟郡を高句麗の西北にうつした。今、玄菟の故府といわれている所はその跡である。のち、沃沮は、今度は楽浪郡に属することになった。〜、〜、東沃沮は国が小さく、大国の間にはさまれているので、いきおい高句麗に臣族した。高句麗はまた、東沃沮の中の大人を自分の「使者」として支配させ、さらに、高級貴族の大加を派遣して、租税取り立ての責任を持たせた。〜、その土地は肥沃で、山や海の間にあって、五穀を植えるのに適していて、畑作もよい。人々の性質は、質実剛健である。牛や馬が少ないため。矛を使って徒歩で戦う。飲食・住居・衣服・礼節は高句麗と似たところがある。〜、

毌丘倹《かんきゅうけん》が高句麗を攻めたとき、高句麗王の宮《きゅう》は、沃沮に逃げた。そこで毌丘倹は軍を進めて、沃沮を攻撃した。毌丘倹は沃沮の村々をみな破壊、三千あまりの首を取った。宮は北沃沮に逃げた（二四五年）。北沃沮の別名は、置溝婁《ちこうろう》といい、南沃沮から八百余里離れている。風俗は、南北とも同じであり、

挹婁《ゆうろう》と境をせっしている。挹婁は、よく船に乗ってきて略奪するので、北沃沮はこれをこわがり、夏はいつも、山の洞穴の中に住んで挹婁に備えている。冬、氷がはると、船が往来できなくなるので、山を下りて、村に住むのである。魏の王頎が、別動隊として派遣され、宮を攻めたとき、北沃沮の東の界をきわめた。そこの年寄に、「海（日本海）の東に、またさらに住んでいる人がいるのかどうか」と聞くと、年寄は「北沃沮の者が船で魚を取っていたとき、大風にあって何日も吹き流され、東の島にたどり着いた。島には人がいて、言葉が通じなかった。そこの習慣では毎年七月に少女を海に沈める」更に年寄りが言うには、「もう一つの国が海の中にあり、そこは女ばかりで男はいない」。『倭国伝　中国正史に描かれた日本（全訳注）藤堂明保ら、』Ｐ６４、Ｐ６５、Ｐ６６、Ｐ６７、

（その３）挹婁《ゆうろう》

「挹婁は扶余の東北千余里にあって大海の岸辺ぞいに、南は北沃沮と接し、どこまで行けば北端があるかわからない。その土地は厳しい山が多い。そこの人々の姿は扶余人に似ているが、言語は扶余・高句麗とは違う。五穀・牛・馬・麻布などを産す。人々は勇気があり、力が強い。大首長はいなくて、集落ごとにそれぞれの首長がいる。山林に穴を掘って住居とし、大きな家は九つのはしごがあるほど深い。そして穴の住居ははしごの数が多ければ多いほどよいとしている。寒気は扶余よりもはげしい。人々は好んで豚を飼い、その肉を食べ、皮を衣服にする。冬は豚の膏《あぶら》を一センチくらい体に塗り、それによって風や寒さを禦ぐ。夏ははだかで、一尺の布で体の前後を隠し、蔽いとする。人々は不衛生で

便所を家の真ん中につくり、人はその周りで生活している。

その人々の使う弓は長さが四尺あって、力は弩《いしゆみ》のようである。〜、そこは古《いにしえ》の粛慎氏《しゅくしんし》の国である。人々は弓を射ることが上手で、人を射れば必ず目に当たる。〜、挹婁は漢以来、ずっと扶余の臣下となっていた。扶余の租税の取り立てがきびしいので挹婁は魏の文帝の黄初中（二二〇〜二二六年）に叛いた。扶余はしばしば挹婁を討伐した。挹婁は人口が少ないけれど居住地は山の厳しいところにあるので、隣国の人々は彼らの弓矢がこわくてとうとう屈服させることができなかった。挹婁の人は船で略奪に出かけるので、隣国では困っていた。東夷の人々は食器として俎豆《そとう》を使うけれど、挹婁だけはこれを使わない。挹婁は東夷の中で最も風俗・習慣に筋道がない」。『倭国伝　中国正史に描かれた日本（全訳注）藤堂明保ら、』P69、P70、P71、

（その4）濊《わい・かい》

濊《わい》：三国志（巻三十・魏書三十・烏丸鮮卑東夷伝）、濊（現代語訳）、
「朝鮮の東海岸に住む濊の国は、南は辰韓と、北は高句麗・沃沮と境界を接し、東は海となっている。今の朝鮮の東の地が濊の国である。戸数は二万戸である。昔、殷《いん》の貴族である箕子《きし》が朝鮮に行き、国をつくり、八条の教えをこしらえて民に教えた。門にかんぬきをおろさなくても、人民の中で盗みをするものがいなかった。その後、王が四十余代替わり、朝鮮侯の準が、自分勝手に王と名のった。秦末に陳勝《ちんしょう》たちが蜂起して、天下の人々が秦にそむいた（前二〇九年）。燕《えん》・斉《せい》・趙《ちょう》の人民で戦乱を避け

て、朝鮮に逃げた人は、数万人もあった。燕の出身で、衛満《えいまん》という人が、さいづちまげを結い朝鮮族の服装をして、この人々の王となった。漢の武帝が朝鮮を攻めて滅ぼした時（前一〇八年）、その地方を漢の領土として四郡を置いた。これから後、胡族《こぞく》と漢族とは分かれて住むようになった。大きな長《おさ》というものはなく、漢以後、その官職として候邑君《こうゆうくん》、三老というものがいて、庶民をおさめた。そこの年寄りは、昔は、自分たちは高句麗と同種であったといっている。人々の性格は、きまじめで禁欲的であり、恥というものを知っていて、物乞いはやらない。言語・法律・習慣の大部分は高句麗と同じであるが、衣服には違ったところがある。男も女も上着には丸襟をつけ、男性は銀でつくった花で大きさ数センチのものを繋いでアクセサリーとしている。

　単単大山嶺《たいざんれい》から西は、楽浪郡の土地であり、山嶺から東の七県は軍政官の不耐都尉《ふたいとい》がおさめている。どちらも濊の種の民である。その後、都尉をやめて（二一〇年）、濊の首長を封じて不耐候にした。今の不耐濊《わい》は、その種族の末孫である。後漢の末期にはかわって、高句麗に属した。濊の風俗は、山や川の神を大事にして、あちこちに聖域を設けていて、やたらに立ち入ることはできない。姓が同じであるもの同士は結婚しない。タブーが多く、病人や死人がでると、古い家をすてて、新しく建てかえをする。麻布があり、桑でかいこを飼って、絹やまわたをつくる。夜明けに星をみて、その年の収穫を予知する。真珠や玉を宝物とは思わない。毎年十月には天をまつり、昼も夜も酒を飲み、歌ったり踊ったりして、これを「舞天《ぶてん》」と呼んでいる。また、虎をまつって、神様であるといっている。濊のある集落が他の集落の領域を侵すと、侵犯を行った集落から奴隷・牛馬を罰として取り立て、これを名づけて「責禍」といっている。人を殺したものは、死をもって償わされる。盗賊は少ない。～、濊の海からは、まだら模様の魚の皮が生産される。陸では、模様のある豹の皮がたくさんとれ、果下馬がいて、後漢の桓帝の時（一四六～一六七年）、これを献上してきた。正始六年（二四五年）、楽浪郡の太守である劉茂と、帯方郡の太守である弓遵《きゅうじゅん》は、単単大山嶺以東の濊人が、勝手に高句麗に服属してしまったので、軍隊を出してこれを攻めた。不耐候たちは、集落を挙げて降参した。濊人は正始八年（二四七年）、魏の都洛陽に来て貢ぎ物を献じて挨拶した。魏では詔《みことのり》を出して不耐濊王の任命した。濊王には宮殿というものがなく、住居は、一般の民衆の中にある。季節ごとに、楽浪・帯方の二郡に御機嫌伺いにくる。楽浪郡・帯方郡ともに、軍隊の出動や、財物の徴収などということがあるので、濊人にその物質を出させたり、労役に使ったりして、二郡の人民のように扱っている」。『倭国伝　中国正史に描かれた日本（全訳注）藤堂明保ら、』P75、P76、P77、

第五章　倭の五王から日本建国へ

まず始めに、倭の五王に関連する中国の歴史を表示すると、後漢末から三国時代（呉、魏、蜀）へ、そして六朝時代（呉、二二二〜二八〇年）、すなわち、東晋（三一七〜四二〇年）、宋（四二〇〜四七九年）、斉《せい》（四七九〜五〇二年）、梁（五〇二〜五五七年）、陳（五五八〜五八九年）へと続く。その第三王朝である宋帝国の正史『宋書』（五一三年頃完成）に、宋代を通じて倭の五王（讃、珍、済《せい》、興、武）の遺宋史が貢物を持って参上し、宋の冊封体制下に入って官爵を求めたことが記されている。そして、倭の五王の朝貢には、古代朝鮮半島の国々との関連が、現在の日本人にとっては、重い課題となって浮かび上がってくるのである。

注：『宋書』：中国南朝宋の歴史を記した正史で、南梁の沈約《しんやく》が、斉の武帝に命じられ四八八年に編纂した。二十四史の一つである。

（1）朝鮮半島の国々と倭国

「北魏の建国は三九八年で、南ではそれより二十年おくれて東晋をほろぼした宋の建国（四二〇）がある。これから南北朝時代になる。南朝・宋（南宋）は四二〇年から四七九年までの約六十年間、建康（南京）を都とする華南の政権をいう」。『空白の世紀　清張通史２』松本清張、講談社、Ｐ３５、Ｐ３９、

「卑弥呼の死のあとに立った壱与（台与）が晋（洛陽）に朝貢したのが、晋の建国の翌年（二六六）にあたる（『晋書』北史）。倭王讃が東晋に使いを送ったのが永初二年（四二一）である｛『宋書』倭国伝｝のはすでにいった。倭国の記事が中国史書から絶えたこの百五十年のあいだに、中国をはじめ朝鮮にも倭国にも大変化があった。中国の場合は、〜、晋に代表される漢民族が揚子江以南に大移動し、その故郷の中原は北方民族の充満するところとなった。五胡十六国の乱は、華北での異民族どうしの争いだから、中国は揚子江のすこし北、淮《わい》水の線を境にして、北は胡族（北方や西方の遊牧民族）、南は漢民族との真二つにわかれた。これは華・夷思想（中原の漢民族が世界でもっとも優秀で、まわりの異民族はすべて野蛮人という考え、華夏思想（中華思想ともいう）を奉じる漢民にとっては耐えがたい屈辱であった。江南に移った東晋の王室や貴族たちが、かならずいつの日にか中原にもどれるという意欲をすてなかったのは、望郷の念だけではなく、失地回復の念願からである。」『空白の世紀　清張通史２』松本清張、講談社、Ｐ５７、

注、265年—司馬炎、曹奐から禅譲され晋（西晋）を建てる。

「やがて五胡十六国の中国の混乱のすきに高句麗はその本拠地から兵を出して鴨緑江を渡って南下し、古代の衛氏朝鮮以来中国の直轄地だった楽浪郡と帯方郡とを取ってしまった（三一三）。寒冷な満州とちがい、この地が気候温暖で肥沃であり、それになによりも海にのぞんでいたからである。華北がオモチャ箱をひっくりかえしたようにいよいよ乱れると、魏志東夷伝に馬韓の一国として書かれている伯済国にまえからはいりこんでいた扶余族がこの地方を統一して百済を建国した（三四六）。高句麗が楽浪・帯方二郡を収めて三十三年目で、百済は北の南漢江（ソウル付近）までも勢力を伸ばしたから、ここに高句麗と百済とは直接に勢力を接することになった」。『空白の世紀　清張通史2』松本清張、講談社、P58、

「高句麗が楽浪・帯方郡へ南下したのにつづき、百済の建国があり、さらに十年ほどおくれて朝鮮南部に新羅が建国された（三五六）。新羅は魏志東夷伝に辰韓の一国として書かれた斯盧《しろ》国が勢力を得て、この地方をあわせた名前である」。『空白の世紀　清張通史2』松本清張、講談社、P59、

「百済と新羅のあいだにあって、魏志東夷伝に弁辰（弁韓）と書かれた南朝鮮の海峡に面した中央部も

一つにまとまった。これが問題の「加耶」とか「加羅」とか「任那」とかよばれる地域である。三世紀後半に辰韓が十二国、弁辰が十二国、馬韓が五十余国に分かれ、また、それぞれに小別邑があったと東夷伝に記された小部落共同体の散在が、百年後の四世紀末ではそれぞれ地域ごとに統合して朝鮮南半部の東に新羅、中央に加那（といちおう書いておく）、西に百済となった」。『空白の世紀　清張通史２』松本清張、講談社、Ｐ５８、

「ただ、東夷伝・弁辰のところに、弁辰十二国は辰王に属するが、辰王はよそからの流移の人であるため、自立して王となることができない、という難解な記事がある。この辰王がその後どうなったかわからない。江上波夫氏の「騎馬民族説」では、この辰王勢力が北九州に上陸したのち河内に移り、いわゆる河内王朝（応神）を立てたと推定する」。『空白の世紀　清張通史２』松本清張、講談社、Ｐ５９、

「故国から扶余集団をよびよせたのは、まさにこの弁辰系の畿内移住民であったと思う。北部九州にくらべて人口の稠密度は低く、したがって摩擦もすくない畿内へと。これを歓迎したのは、自分ら移住民の強力化のためであったろう」。

『清張通史２　空白の世紀　松本清張』、講談社、Ｐ１９４、

「倭国は、壱与（台与）が西晋の洛陽に使いを出した三世紀の六十年代まではあいかわらず「女王国」

や「邪馬台国」の小部落共同体の群立という原始社会のようだったが、倭王讃が江南の東晋に使いをつかわした五世紀の十年代には、どうやら一つのものにまとまって、これまた原始社会から次の段階に入っていたと思われる。これを大きく上からながめると、華北に遊牧民族がなだれこんだことから、東夷の支配をつづけていた漢民族の王朝が没落し、そのぶん朝鮮と倭国の原始社会からの脱出が早まり、それぞれ民族の統一にむかったということになる。もっと言葉をつづめていえば、北方の遊牧民族が朝鮮と倭国の原始社会から解放して古代国家にむかわせたのである。ところが、国家となると当然のことに国家間の問題が生じてくる。中国の重圧から解放されて自立すればしたで、こんどはそれぞれの国が「国益」のために争いをおこす」。『空白の世紀　清張通史2』松本清張、講談社、P60、

「辰王は「自立して王となるを得ず」というのは、〜〜、その扶余族は百済や新羅のようには弁韓で自己の王朝をつくらなかった。そのせまい地域よりも、気候温暖で、肥沃な日本列島をめざして渡ったと考えられる。〜〜、三世紀の終わりか四世紀のはじめごろと思われる。弁韓の扶余種族の主力は、海峡をわたって日本列島にきたが、弁韓の地には残余のものをおいたにちがいない。このことが、ずっと以前からあった弁韓と北部九州の連帯を、「加羅任那」と大和国家との連結というかたちでさらに強めたのであろう。大和国家が弁韓に手を伸ばしたのではなく、新しい移住地の列島が「本国」となってからは、前の居住地が「分国」のようになったのだと思う。——倭国にわたってきた扶余族は、北部九州から畿内に入ると、その地域の土着大地主である部族長たちと連合して人民を支配する王室をたてたに

ちがいない。扶余族が馬韓に入り土着民に君臨して百済王国をたて、また辰韓にはいっておなじく新羅王国を立てたところをみると、この種属は武力に長じ、土着首長らをひきつける進んだ文化性を持ち、また統治する才能をもっていたと思う」。『空白の世紀　清張通史2』松本清張、講談社、P71、72、73、

「そのようなしだいで、倭国が加那または任那の地に行き、土着民を征服してこれを植民地化したのではなく、倭国に渡ってきた扶余族の残存勢力が、その地域に前から居住していた倭種と共存していたのである。いわば本国（倭国）と分国（任那）の関係だったと考えられる。「分国」とは朝鮮民主主義人民共和国（北朝鮮）の古代史家金錫亨氏が論文「三韓三国の日本列島内分国について」（全訳は『歴史評論』一九六四年五・八・九月号に掲載）のなかに使った新しい言葉である。氏はその見解をさらに詳しく展開した『古代朝日関係史─大和政権と任那』（朝鮮史研究会訳）の著書を出した、～～、金氏はいう。朝鮮から列島に渡来して移住する者の数は弥生時代からつづいていて多く、その出身地によって百済（馬韓）系・新羅（辰韓）系・駕洛（弁辰）系とそれぞれがグループとして列島内の諸地域にかたまった。これが南朝鮮の本国かみると、列島内のほうがその植民地であった」。『空白の世紀　清張通史2』松本清張、講談社、P74、75、

「畿内や関東の中期古墳から出る金冠や金銅製の馬具などは、南朝鮮の古墳から出土するそれらとい

かに同種のものであるか、王家か貴族の墳墓である高松塚の壁画がいかに朝鮮的な風俗であるか、各地の横穴古墳の壁に残っている線刻画の人物の服装がいかに朝鮮人風であるか、さらに、日本と朝鮮の神話にいかに共通性があるか、などを見るがよい」。『空白の世紀　清張通史2』松本清張、講談社、P74、

「倭国軍の最初の朝鮮出兵は『日本書紀』では神功皇后摂政紀四十六年、四十七年の条に載っている。その物語は前半と後半にわかれ、前半は『古事記』にあるような伝説だが、後半は『百済記』（七世紀の述作という）という現在にはない朝鮮側の資料をつかって書いてある。だから歴史的には後半だけを対象にしていい。～百済が北から圧迫してくる高句麗と、東に新興勢力として対立してきた新羅との脅威をまぬがれるために大和朝廷に助力を求めてきたので、朝廷では千熊長彦を将軍にして兵を送った。その後も、『百済記』のいう沙沙奴跪《ささなこ》と百済の将軍木羅斤資《もくらこんし》とは、倭国派遣の将軍荒田別《あらたわけ》・鹿我別《かがわけ》らといっしょになって新羅軍を破った（三六九年）。この戦いで日本は比自㶱《ひしほ》（昌寧）以下七国と四邑とを新羅から得た（注）。～～、この時の百済の王は肖古王で、太子は貴須という。肖古王は勢いに乗って精兵三万をひきいて、高句麗の都で旧楽浪郡の治所だった平壌に攻め入り、故国原王を戦死させた（三七一年）。百済肖古王は、三七〇年、三七一年、三七二年と使者を大和朝廷に出して友好を重ねたが、この最後の年にその使者久氐《くてい》らが七枝刀《ななつさやのたち》一口《ふり》と七子鏡《ななつごのかがみ》一面を奉った。この七枝刀がいま石上《いそのかみ》神宮の神宝となっている七枝刀であろう」。『空白の世紀　清張通史2』松本清張、講談社、P76、P

77、

「百済の肖古王はこの刀を製作の三年後の三七二年に使者をもって倭国王におくった。その同じ年に江南の東晋に使いを出して貢物を献じ、晋王は彼を「鎮東将軍・領楽浪太守」に除正（承認）した。倭王の讃が東晋に使いを出して方物を奉った四一三年よりも四十年もまえのことである」。『空白の世紀　清張通史2』松本清張、講談社、P78、

「朝鮮半島の抗争は後期も四世紀の終わりごろになると、高句麗の強大に新羅が力まけしてこれに付属し、その対抗上百済は倭国とはっきり結ぶようになる。したがって、高句麗＝新羅、倭国＝百済、という組み合わせで、戦いがおこなわれるようになる。『空白の世紀　清張通史2』松本清張、講談社、P8

（2）倭の五王

さて、倭の五王とは、讃、珍、済《せい》、興、武の五王である。現代の日本人にとって、この奇妙な一字名の倭の五王はまったくなじみがない。しかし、藤間生大著『倭の五王』には、古代朝鮮の歴史を振り返

ってみると、高句麗王の先祖は扶余民族出身とあり、その始祖東明王・朱蒙は、国を建てて「高句麗」と名づけ、「高」を姓とし、別名は「騶《すう》」とある。また、殤帝・安帝の在世中（一〇五〜一二五年）に、高句麗王の宮《きゅう》は、しばしば遼東郡を略奪し、あらためて玄菟郡に所属したとある。また、四二七年、好太王の長男・長寿王（連）は鴨緑江岸の輯安から、北朝鮮の中枢平壌に都を移したとあり、その他、昭列帝の曾孫の名は「璉《れん》」と呼ばれた。また、その璉の六世の孫の「湯《とう》」は、北朝の北周《ほくしゅう》の時代（五五六〜五八一年）に、使者を派遣して朝貢したとある。

四七二年に北魏に出した百済王慶（蓋鹵《こうろ》）王の上表文によると、自分たちはもと高句麗と同じ扶余の出であるといっている。

また、『新唐書』（巻二百二十・東夷）百済の項には、「百済は、扶余の一種属である」とあり、また、『騎馬民族国家』の江上波夫は、そのあとがきに、「扶余隆の墓誌銘」に、「公は、諱《いみ》名は隆、字《あざな》も隆、百済辰朝の人なり」と明記されおり、ここに辰朝とあるのは辰王朝のことに違いない。それが百済王家として、百済滅亡までつづいたことは、この墓誌銘によって証明された」とある（『騎馬民族国家　日本古代史へのアプローチ　改版』P337）。

「武徳四年（六二一年）、百済王の扶余璋《しょう》は、はじめて唐に使者を遣わして果下馬（王の馬、著者）を献上し、これからしばしば朝貢するようになった。唐の高祖は任命状を授けて帯方郡王・百済王とした」とある。『倭国伝　中國正史に描かれた日本』藤堂明保ら、講談社学術文庫』Ｐ２２８、

このように、一字名の倭の五王と扶余系の一字名との関連については、今までの歴史家はだれも関心を示していない。ここで前述したが、江上波夫氏の騎馬民族説をおもい出す。『魏略』に書かれた扶余の「辰王」は、四世紀前半に南朝鮮から北部九州（筑紫）に入り、そこに王権を立てたのちに、その何代目かの王が、五世紀に河内に入り、ついで大和朝廷の基礎を作ったと説明されている。著者はこの点からも、倭の五王もまた扶余系の王族だった証ではないかと思う。

（その１）「倭の五王」の研究史

まず初めに、「倭の五王」の研究史をたどってみると、江戸時代の国学者松下見林である。「彼の著書である『異称日本伝』に、このことが出ている。〜〜、一六八八年の元禄元年九月の日付を持つ『異称日本伝』に、神武紀元千百年代の履中その他の天皇を、中国の『宋書』に出てくる倭王讃以下の者にはじめてくらべあわせた。このため中国の年代の計算からみて、神武紀元は六百余年長すぎることがわかった〜〜、という程度のものである。したがってその後は讃を履中であると言ったが、仁徳とする見解もあるということで、彼は一説の所有者としてとりあつかわれているにすぎない」。『倭の五王』、藤間生大岩波新書（Ｄ８７）、１９６８年7月２０日発行、Ｐ3、Ｐ6、

「東洋史学者　那珂通世《みちよ》は、倭の五王について画期的な研究をすすめた。彼が死んで七年たった一九一五年に出版された『外交繹史』に、その成果が出ている。～～、初めて五王の血統について注意を向けたのである。～～、ただ『宋書』では珍と済との間柄が書いてない。彼は、珍は済のすぐ前の王である。しかるに天皇家の系図によると、允恭直前の「天皇」で兄でもあるのだから、珍は当然反正であるとしている。この五人の系譜関係を雄略以前四人の天皇にあてはめるとよくあうというのである」。『倭の五王』、藤間生大岩波新書（D87）、1968年7月20日発行、P11、

「中国史の研究者であった前田直典は、「応神天皇という時代」（『オリエンタリカ』一九四八年刊）という論文によって、日本古代史にも野心的な研究のくさびを打ち込んだ。彼は、「武」の上表文を、人物比定の資料として、始めて出してきた。武が雄略であることは、衆目の一致する所であるが、その武が「祖禰《そでい》」の時代から東奔西走の国内統一戦と海外遠征をしてきたとしるしている。この「祖禰」を前田はこれまでの通説のように「父祖」と理解しないで「祖」の「禰」として固有名詞にした。では「禰」はだれかというと、前田は『梁書』に出ている「彌」がそれにあたるとするのである。『宋書』の珍のことである。『宋書』の記述によると珍と武との続柄はわからないが、『梁書』によるかぎり「彌」は済の父、したがって武の祖父になる。かくして前田は上表文の「祖禰」と「彌」とを同一人物とするのである。弥（彌の略字）→ 环《ちん》→ 珍という字形変化が書写の間におこったというのである。武の祖父である天皇を求めると仁徳になる。仁徳は珍である。かくして讃は応神であるという論理が、次のようなや

り方ですすめられる。仁徳の一代前は応神である。珍の一代前は讃である。故に応神は讃である。あざやかな論理である。しかし、〜〜、『宋書』、『梁書』の両書が、ともに弥（珍）は讃の弟であるという共通の記事を殺してしまう。〜〜、世界最大の墓の一つである仁徳陵と匹敵する応神陵をつくる応神という人物は、強い権力をもっていた。そうした人物が、一世紀半も中絶していた中国との外交を思いきって開くということは、につかわしいことである。倭王讃が応神でなければという至上命令が彼の場合にはあったのではなかろうか」。『倭の五王』、藤間生大岩波新書（D87）、1968年7月20日発行、P14、P15

「前田と上田（正昭）の議論でもわかるように、倭の五王のうち、いつも問題になるのが讃で、応神、仁徳、履中といろいろな具合に意見がわかれる。この違いに従って珍がだれかということも動いてくる。他の三人は動かないというのが大勢である」。『倭の五王』、藤間生大岩波新書（D87）、1968年7月20日発行、P17、

「中国文献に記される倭の五王（讃・珍・済・興・武）を記紀に所載の天皇に比定する方法は、双方の王名（諱《いみな》）および系譜（血縁）関係を比較するのがもっとも妥当であるが、それは五王の一字名がおよそ意訳漢号（王の実名の一部の意味に対応する意味を持つ漢字あてて号とする）であり、記紀の系譜の方が高次的であることを前提とすべきであろう。現在までのところ、武は雄略（オホハツセノワカタ

ケル）、珍は反正（タチ・ヒノミズハ）にそれぞれ当たることが確実視されるにとどまるが、系譜上では、済・興父子が弁恭・安康父子に該当するとみなされている。ところで、『宋書』倭国伝には、讃・珍を兄弟とし、済と興・武を父子として記すが、珍と済の二人の王の続柄が記載されていない点が問題である。～～、単純な誤脱ではなく、五世紀代、二つの王家（王系）があった蓋然性が高い。つまり珍と済の二人が男系上、血縁関係をもたず、したがって讃・珍の王家と済・興・武の王家の二王家（王系）が存在したことを考えてよいであろう。しかし五世紀に二つの王系があったのは、当時、王位継承は父子・兄弟という同一血族内（同性内）での継承と、異なる血族間（異性間）への継承が併存しており、いまだ血縁継承が固定化していたわけではない。ゆえに王位は対外的代表者としての政策の失敗や軍事的指揮者としての威信の失墜など、正当性の喪失されうる機関であったとされる。～、つまりこの時期は王族・王統の内容が未完・未確立なのである。『倭国史の展開と東アジア　鈴木靖民　岩波書店』P194、P195、

（その２）「倭の五王」

「五世紀の倭王権は、讃から武までの五人の倭王による四二一年から四七八年までの一〇回にわたる宗との外交を通して、高句麗・百済の影響のもと、宗での将軍府の幹部を表す長史・司馬・参軍などの符官号、さらには将軍号・郡太守号を受けた。それを倭王は自らや臣下にも授けることにより国内の支配秩序を形成するための実践に移した。この中国皇帝が倭王以下に与えた官号・爵位が府官である。

〜〜、これにより中央の豪族と地方の首長層の政治的地位、王権での序列づけが図られた。〜〜、知られる例では、四三八年、倭王珍は倭隋ら一三人に将軍号を推薦して認められ、
四五一年、済は自らの安東将軍のほか、臣下二三人にも将軍号・郡太守号を授けられた。四七八年、倭王武（雄略）は安東大将軍・倭国王に任じられている。武の時、倭国王と並んで開府儀同三司という破格の官職を自称し、必ずしも皇帝の任命を要しない程に府官制秩序は最大限に活用され、王権の軍事・行政に大きく作用した。この武の治世に、継体は倭王権に参加しており、おそらく将軍号を与えられ、府官に倣って府（官）を開設していた可能性が大きいであろう」。『倭国史の展開と東アジア　鈴木靖民　岩波書店』P214、P215、

しかし、『倭の五王』、藤間生大著には（p129）、最初の讃の朝貢は四一三年、東晋へとある。「四一三年、讃は東晋に使いをだして献物をした。その前年、高句麗の好太王が二一年の治世をもって死亡した（「好太王碑」）。倭はもちろん百済にも、しばしば苦汁をのませた好太王が死んだ翌年に倭の東晋への使が始まったのは偶然ではない。その後の倭の外交に新しい事態をもたらした。〜、高句麗も好太王の息子で、そのあとをついだ長寿王が、同じ年に、東晋に早々に使いを出し、「高句麗王楽浪公」の名称を下付されている（『宋書高句麗伝』）。百済もまた四一六年には東晋には使いを出し「使持節都督百済諸軍事鎮東将軍百済王」の称号をもらっている（『宋書百済伝』）。あわただしい動きである」。『倭の五王、藤間生大著』、岩波新書・D87、P129、

「鈴木靖民「日本古代国家成立の諸段階」『国学院雑誌』第九四（一）一二号などで、五世紀代においては、政治指導者や軍事指揮者としての素質、能力が大王の必須の条件であり、血統はそれほど重視されなかったとみるのである」。〜〜、この説の根拠は、主に『宋書』倭国伝の倭国王珍と済との間の続柄が記されていないことに求められている。最初に遣使した讃に代わって次代の珍が立つと「讃死して弟珍立つ」と記される。また興が死ぬと、「興死して弟武立つ」とある。いずれも前王と新王の続柄が記されてあるのだが、珍と済の続柄だけはなんら記されていない。そこから両者は血縁関係がなく、当時「二つの大王家」が存在したと解するのだ。これを最初に主張したのは藤間生大氏『倭の五王』で、その後多くの論者に支持され、近年とみに有力な説となってきた」。『謎の大王　継体天皇』水谷千秋、文春新書192、P95、

「二つの大王家」論：しかし、記紀における叙述には、反正（珍）は履中（讃）の弟で丹治比（河内、今の羽曳野《はびきの》市、丹比《たじひ》の柴垣宮にいて天下をおさめることにした、また、允恭（第十九代天皇、済《せい》？筆者）は反正（第十八代天皇、珍？筆者）の弟で、遠飛鳥宮《とおつあすかのみや》（大和の高市）にいて、天下をおさめたとある。藤間生大氏がいう「二つの大王家」論の珍と済の続柄が記されていないという説には疑義が生じることになる。『宋書』「倭国伝の初伝」には、記載もれがあったのだろうか。

また、若井敏明著、『「神話」から読み直す古代天皇史』、「葛城氏とヤマト政権の完成」の中で、「それはともかく、葛城襲津彦の娘の磐之媛は第十六代仁徳天皇の后（当時は大后だったであろう）となって、履中、反正、允恭の三天皇の母となった」とある（p197）。そして、讃が履中である難点は、同著に「履中天皇が早くに亡くなったことである」（P201）とある。

「まず雄略天皇以前の数代の天皇なる、いわゆる倭国王が中国の南朝に使をつかわして、あるいはみずから、「使持節都督、倭・百済・新羅・任那・秦韓・慕韓六国諸軍事、安東大将軍、倭国王」と称し、あるいは「使持節都督、倭・百済・新羅・任那・加羅・秦韓・慕韓七国諸軍事、安東大将軍、倭国王」と号したことは、きわめて重要な問題を提起するのである。『宗書』倭国伝などに明記されてあるこの著名な史実は、倭国が、名はたんに倭国であるが、実際は六国ないし七国からなる倭韓連合王国であった、という重大な事実を示唆するばかりでなく、当時の日本の国際外交上の主張や、日本と朝鮮の関係などをうかがう上にきわめて重要な種々の問題を含んでいる。まず第一に、すこぶる異様なのは、倭国の構成分子をなす上掲の六国ないし七国のうち、秦韓すなわち辰韓、慕韓すなわち馬韓など、それぞれ新羅・百済の建国前にあった三韓の二国があげられていることで、この両者は、倭国が中国に遣使した五世紀には、もはやまったく存在しなかった国々である。〜〜、しかも一方、現存する新羅・百済をその構成分子に、すでに加えているのであるから、なぜ同じ土地の、いまは亡い国まで加重する必要があったのかと怪しまれる。〜〜倭王が中国に上表して、右の称号の徐正を求めたばあい、終始、秦韓・慕韓を欠かさなかったのであるが、この両者とともに三韓の一国をなした弁韓は、どういうわけか一度も倭国の構成分子に加えなかったのである。～～、次に注目すべきは百済で、～～、すでに宗から「使持節都督、百済諸軍事、鎮東大将軍、百済王」に徐されていたので、宗主国たる宗としては、倭国のうちに百済を包含することをどうしても認めるわけにはいかなかったので、これを削除して、そのかわりに倭国王の直轄地たる加羅を加えて六国という数の上のつじつまをあわせることにしたのであるが、倭王は終始百済を倭国に加える態度を改めず、一方、宗もこれに対してついに承認をあたえなかったのである。～～、それは、当時の倭王は、現実には朝鮮で任那（加羅）一国だけを直轄領にしていたにすぎないが、かって馬韓・弁韓・辰韓の三韓時代に、その支配権を三韓全体に及ぼしていたという事実、ないしそのような有力な伝承があって、したがって倭王は、現在でも南部朝鮮のすべてを支配する歴史的根拠・潜在的権利を保有している、という立場をとったのではないか」。『騎馬民族国家　日本古代史へのアプローチ　江上波夫　改版　中公新書147』P177、178、

この江上波夫氏の説に対して、『倭の五王』藤間生大氏は、秦韓・慕韓について、「秦韓は南朝鮮三韓の一つである辰韓のことであり、慕韓は同じ三韓の内の一つである馬韓の事である。――江上波夫はこれについて意表をつく説明をしている。「倭韓連合国家」の存在をそこにみるのである。もちろんこの五世紀の初めには、そうした連合はなかったが、かっての時代はそうしたものがあったので、その歴史的伝統をふまえての潜在主権の倭王による主張だというのである。倭王は騎馬民族として北方から

日本にきたのであって、一時は「倭韓連合国家」の首長であったというのである（江上・小林・石田・伊藤・関共著『シンポジューム・日本国家の起源』、江上の『騎馬民族国家』」。『倭の五王、藤間生大著』、岩波新書・D87、P87、

「倭で、秦韓・慕韓の名をだして潜在主権を主張するやり方は、〜〜、実力の上で南朝鮮を倭が規制していたという条件ばかりでなく、むしろそれ以外に、南朝鮮の人が、集団的に日本にきていたということの方が重要な条件となる。この日本にきた韓人を利用して、潜在主権をしかも歴史的な伝統的の下に主張した策略は、日本人自身の頭で考えられたのではなく、司馬曹達のような中国人、しかも華中の南朝の地で育った人間の知恵から出て来たのだろう」。『倭の五王、藤間生大著』、岩波新書・D87、P88〜89、

注：司馬曹達：五世紀前半（古墳時代中期）の倭の官吏、官職は司馬（軍事に関する役職）で中国系渡来人。『倭の五王、藤間生大著』、岩波新書・D87、P88〜89、

「このような史書の記載があるうえで、讃・珍・済・興・武の倭の五王は武でおわるのであるが、初代の讃の場合は不明だとしても、どの倭王もいつも朝鮮半島南半分の軍事権の所有と、安東大将軍の称号の獲得を要求している。そこには、江上波夫氏が言う「倭韓連合国家」の存在があったのだろうとし

ている。しかし、松本清張は、「この宋朝より官爵を授けられることによって倭国の東アジアにおける国際的地位、とくに対朝鮮の地位をたかめようというのが珍から武までの四王の願望だったのだ。」とある。『空白の世紀　清張通史2』松本清張、講談社、P124、

（3）個々の倭王について

（その1）讃（第十七代・履中《りちゅう》・天皇）

倭の五王のうち、問題になるのが讃で、応神、仁徳、履中といろいろな具合に意見がわかれている。そして、そのカギは、武が「祖禰《そでい》」の時代から東奔西走の国内統一戦と海外遠征をしてきた、そして、珍は讃の弟であるという点であろう。それらの結果、無難な選択は、時代の考証はされていないが、祖禰が父祖なら、第十五代・応神天皇か第十六代・仁徳天皇で、祖禰が祖父なら讃、そして讃・珍が兄弟である点を重視するなら、讃は第十七代・履中天皇となるのだろうか。

「四一三年、讃は東晋に使いを出して献物をした。その前年（四一二年）、高句麗の好太王が二一年の治世をもって死亡した（好太王碑）。倭はもちろん百済にも、しばしば苦汁をのませた好太王が死んだ翌年に倭の東晋への使が始まったのは偶然ではない。その後の倭の外交は新しい事態をもたらした。

高句麗も好太王の息子で、そのあとをついだ長寿王が、同じ年に、東晋に早々と使いを出し、「高句麗王楽浪公」の名称を下付されている『宋書高句麗伝』。百済もまた四一六年には東晋に使いを出し「使持節都督百済諸軍事鎮東将軍百済王」の称号をもらっている（『宋書百済伝』）。〜〜、四二一年、讃は（宗の）武帝の下に使いを出して献上した。新しい王朝の出発を祝い、あわせて、冊封を願うためである。「倭讃、万里をこえて貢をもってきた。その誠のほどは人々に知らせるのに値する。しかるべき官職を与える」というねぎらいの言葉を下している。しかし、なんの官職に任じたのか、それは書いてない」。『倭の五王、藤間生大著』、岩波新書、P129、P130、

注：この四一三年と四二一年は、［後漢書］倭傳の著者・范曄《よう》（三九八―四四五）の時代で、東晋義熙《き》二年（四一三）、宋永二年（四二一）にあたる。

「四二五年、讃は二度目の宋朝への使いを送った。文帝の元嘉二年である。〜〜、讃が宋朝二度目の使いを出したのは文帝が即位した翌年であった。この時、讃は司馬曹達という中国人を使者として出している。「又」という言葉が司馬曹達の上についているので、二度目の使いであったのだろう。晋の時代からかぞえると、讃は三回も中国に使者を派遣したことになる。〜〜、なんらかの政治上の理由もあったかもしれないが、中国文化に対する深い関心もあった為ではなかろうか。〜〜、『宋書』の記事によって、いろいろわれわれが想像するものを、「履中記（紀）」の記事とくらべあわせるとどうであろ

う。対応できそうな史料は全然ない。～～それにしても、中国（呉）への使者の派遣『記紀』では、履中の祖父にあたる応神と父にあたる仁徳、そして弟の子にあたる雄略の巻に集中している。～～『記紀』の編者は、上記の三人の巻に分割して使用している。～～その活殺は『記紀』の編者の手にあったのである」。『倭の五王、藤間生大著』、岩波新書、P134、P135、P136、

注：司馬曹達：五世紀前半（古墳時代中期）の倭の官吏、官職は司馬（軍事に関する役職）で中国系渡来人。曹が姓、達が名とする説がある。魏王朝の曹操一族。筆者、

「前田と上田（正昭）の議論でもわかるように、倭の五王のうち、いつも問題になるのが讃で、応神、仁徳、履中といろいろな具合に意見がわかれる。この違いに従って珍がだれかということも動いてくる。他の三人は動かないというのが大勢である」。『倭の五王』、藤間生大岩波新書（D87）、1968年7月20日発行、P17、

この倭王讃の一字名は、日本人にとっては、まったくなじみがない。この讃の名は、諱《いみな》で天皇の名を決める前に、宗主国中国に讃の名前の前例がないか調べてみると、中国後漢末期の武将、公孫瓚が見つかる。この時代の指導的立場にあった中国からの帰化人、司馬曹達が讃の名付け親ではないかと考えているのだが。

記紀における叙述、「履中は天皇仁徳の子で、大和十市郡の伊波礼《いわれ》の若桜宮に居て、天下をおさめた。履中が父仁徳の都としていた難波に末だいて、服喪の大嘗酒《おおにえ》で、よいつぶれて眠りこんでいた時のことである。弟の墨江中王《すみのえなかつみこ》が、履中を殺そうと思って、火を建物につけた。倭漢直《やまおのあやのあたい》の祖である阿知直《あちのあたい》が、急ぎ履中を連れ出して、馬にのせて大和に向かった。（その時の歌）、はにふ坂　我が立ちみれば　かぎろいの　燃ゆる家郡《いえむら》　妻が家のあたり」。『倭の五王、藤間生大著』、岩波新書、Ｐ５０、Ｐ５１、

「神功皇后の親征物語に対照すると、対韓計略の初期において我が国が一時新羅を圧服したことは、物語に含まれている事実の面影である。そうしてその時期が実際の応神朝の頃であったことも、百済の近肖古王の時代から推定して、ほぼ承認せられよう。近肖古王（照古王）が応神天皇と同時代であるという『古事記』の記載は、それだけでは歴史的事実として受け取ることが難しいが、『宋書』倭国伝には仁徳天皇もしくは履中天皇に擬すべき倭王讃に対する徐綬が永初二年（四二一年）に行われたように記してあるから、応神朝（のたぶん初期）が三七五年に死んだ近肖古王の時代にあたるというということは、応神、仁徳の二朝の治世が甚だしく短いものではない以上、大体において誤りはないように見える」。『古事記及び日本書紀の研究［完全版］』津田左右吉、毎日ワンズ、Ｐ１２７、１２８、

注：神功皇后の親征物語：第１４代仲哀天皇の皇后、『日本書紀』の名は気長足姫（おきながたらしひ

め）尊、父親は気長宿禰王、母は新羅の王子である天之日矛の子孫・葛城高額姫。仲哀天皇9年2月の天皇崩御に際して遺志を継ぎ、3月に熊襲征伐を達成する。若井敏明著『邪馬台国の滅亡』吉川弘文館発行では仲哀天皇9年は西暦367年と推定している。同年10月、海を越えて新羅へ攻め込み百済、高麗をも服属させる（三韓征伐）、または新羅征伐ともいう。12月、天皇の遺児である誉田別尊を出産。ウイキペディア、2021年11月19日、

その帰還途中の出来事、『記紀』には、「新羅を伐つ大事を終えて、筑紫にあったオキナガタラシヒメ命《みこと》（筆者、神功皇后）は、いよいよ大和へ帰ることになった。その時、都での人心にどうも疑わしいところがあったので、棺を載せた喪の船を一つ作り、御子をこの喪の船に乗せて、まず、御子は早くもお亡くなりになったという風聞をまき散らした。こうしてしだいに都へ上ってゆくと、香坂王（カゴサカノミコ）と忍熊王（オシクマノミコ）（神功皇后の夫の仲哀天皇の長男と次男、筆者）とが風聞を聞きつたえ、一行を道に要して討ちとめようと謀った。そして斗賀野に進出し、うけいの誓い（祈請・誓約、筆者）を立てたうえで狩りを試みた。その時カゴサカノ王が、椽《くぬぎ》（の樹にのぼって狩の模様を見わたしているところに、怒り狂った大きな猪が現われ、椽の樹の根本を掘って樹を押し倒すと、たちまちカゴサカノ王を食い殺してしまった。兄の王がうけいを立ててこのような最期を遂げたにもかかわらず、弟のオシクマノ王は恐れる色もなく、軍隊を集めて、オクナガタラシ姫の一行を待ち受けた。そして喪の船は、兵卒の乗り込んでいない空船《むなしふね》であろうと思い、まずこれに攻めかかった。ところがこ

の喪の船は実は偽りで空船でなかったから、さっそく中から兵卒が躍り出して、叛軍と戦闘を交えた。～～、不意を打たれた叛軍は逢坂に逃げのび、その地で軍隊を立て直してまた戦ったが、御子の軍はこれに追いすがり、攻め破って、ついに、のちの志賀である沙沙那美に出て、そこで敵軍を一人あまさず斬り殺した。その時、オシクマノ王は将軍のイサヒノスクネと二人、烈しく追撃されたので、船に乗って、のちの琵琶湖である淡海（あふみ）の海に浮かび、歌をうたって言うには、「いざ吾君《あぎ》振熊が　痛手負はずは鳰鳥《にわどり》の　淡海《あふみ》の海に　潜《かづ》きせなわ（さあわが将軍よ、もう逃れるすべもない。敵の振熊の手にかかり痛手を受けるのを待つより、いっそかいつぶりが水にくぐるよう、淡海の海に身を投げて、死んだ方がましだろうよ）。このように歌って、そこで二人とも、海に身を投げて死んだ。『古事記　現代語訳』福永武彦訳、河出文庫、ｐ２７２、ｐ２７３、ｐ２７４、ｐ２７５、

広開土王碑

広開土王の碑文に、「三九五年、王はみずから碑麗（沃沮地方）を討伐した。翌六年、王は水軍を率いて百済国を討った。その理由は、百済と新羅はもとから高句麗に従属し朝貢していたが、倭が辛卯の年（三九一）に海を渡り百済などを打ち破って臣下としたためである。王は百済の多くの城を占領したにもかかわらずなお抵抗したので、漢江を渡り、王城を攻めた。百済王は多くの貢物をだし、家臣になることを誓ったので、王の弟などを人質として凱旋した。

三九八年息慎（粛慎）地方に出兵し、服属させた。翌年、百済は先年の誓いを破って倭と和通した。

そこで王は百済を討つため平壌にでむいた。ちょうどそのとき新羅からの使いが「多くの倭人が新羅に侵入し、王を倭の臣下とした。どうか高句麗王の救援をお願いしたい」と願いでたので、大王は救援することにした。四〇〇年、五万の大軍を派遣して、新羅を救援した。新羅王都のいたると、その中にいっぱいいいた倭軍が退却したので、これを追って任那・加羅にせまった。ところが安羅軍などが逆をついて、新羅の王都を占領した。

四〇四年、倭が帯方地方（今の黄海道《ファンヘド》地方）に侵入してきたので、これを討って大敗させた。四〇七年には五万の大軍を派遣し、今の京畿道北部で兜と鎧一万領の戦利品を得るほど大勝した。」『古代朝鮮』井上秀雄、講談社学術文庫（１６７８）、Ｐ８４、

この時の倭の天皇はだれであったのだろう。『記紀』は年代を百二十年遡っているので、特定しにくいが、歴代天皇では、第十七代・履中天皇（讃）、第十八代・反正天皇（珍）の時代に相当するのだろうか。

（その２）珍（第十八代・反正《はんしょう》・天皇）

「讃死して弟珍立つ。使を遣わして貢献」と『宋書倭国伝』に記されている。〜、讃の弟である珍は「自ら使持節都督倭・百済・新羅・任那・秦韓・慕韓六国諸軍事・安東大将軍・倭国王と称し、表して徐正せられんことを求む」の希望を出したのである。四三〇年のことである。珍の要望は通らず、「安

東将軍・倭国王」と称号がくだったのみであった。珍のこうした要望の出し方は、珍の宋朝に対する外交が、高句麗対策よりは、百済、新羅、任那の地域を重点において、たてられるようになってきたことを示すものではなかろうか。『倭の五王、藤間生大著』、岩波新書、P136、137、

「珍は倭に関係する官職だけを要求するのではなく、百済・新羅・任那・秦韓・慕韓の諸軍事の「都督」をも要求しているのである。使持節というのは、他に持節・仮節というのがあって、位を意味する。～～、しかし百済は、倭が初めて宗朝に使いを出した一年前の四二〇に、すでに百済王として鎮東大将軍の称号を下附されているのである。～しょせん珍の申し入れは許可されることなく、「安東将軍・倭国王」の称号をうけることになった。なお珍の要求には一見空想じみた言葉さえみられる。秦韓・慕韓がそれである。秦韓は南朝鮮三韓の一つである辰韓のことであり、慕韓は同じ三韓のなかの一つである馬韓のことである。すでに当時の朝鮮には存在しない。江上波夫氏はこれについて意表をつく説明をしている。「倭韓連合王国」の存在をそこにみるのであると。もちろんこの五世紀の初めには、そうした存在はなかったが、かっての時代にはそうしたものがあったので、その歴史的伝統をふんまえての潜在主権の倭王による主張だというのである」。『倭の五王、藤間生大著』、岩波新書、P86、P87、

「先の珍の任官に続いて書いてある、次の記事が、～「珍、又倭隋等十三人を平西・征虜・冠軍・輔国将軍の号に徐正せんことを求め、ゆるさる。」この倭隋たちについて手堅い古代史家の佐伯有清は、重

要な指摘をしている。彼らは「地方の首長」であったというのである。珍が安東大将軍を要望したのは、それが第二品官で平西・征虜などの第三品をこえていたからである（『「倭の五王」大和奈良朝―その実力者たち―』（ちなみに、四二〇年の百済王の鎮東大将軍は第一品である、筆者）。『倭の五王、藤間生大著（D87）』、岩波新書、P138、

「わたくし（藤間）は一九五七年に、地方で大きな立派な大古墳をつくっている出雲・吉備・北九州・尾張・毛野等の大豪族を単なる豪族でなくて国家の首長であるとし、大和国家だけでなく出雲国家・吉備国家・北九州国家・尾張国家・毛野国家などといった多元的な国家が、四、五世紀の日本には存在したてであろうと主張したことがある（拙書「吉備と出雲」『私たちの考古学』一四号）」。『倭の五王、藤間生大著』、岩波新書、P139、

「反正（第十八代、筆者）の時代である四四〇年に倭は、新羅に二回も侵略し、その四年後には金城をかこむこと十日に及ぶと、「新羅本紀」に書いてある。もちろん、資料の上に出ていない侵略も多数あるであろうことは、好太王碑に出ている侵略の戦いの記事が、『三国史記』に全面的にとりあげられていないことをみてもわかる。ただ四四〇年の記事に、「生口をかすめとって帰る」と書いてある。これまでもあったことであろうが、「生口（奴婢）」という用語をつかったのは、この記事が初めてであり、あともない。労働力の略奪が、このときに大幅になされたのである。反正の時代から、遠方の高句麗対

策よりは、みじかな南朝鮮政策に重点がおかれてきている。〜、済《せい》の時代は、そうした成果が著しくあらわれはじめた時期である」。〜〜、四五〇年から新羅と高句麗の対立が漸く激化しようとしはじめた（「高句麗長寿王紀」）。『倭の五王、藤間生大著』、岩波新書、Ｐ１５８、Ｐ１５９、

記紀における叙述、

「反正は履中の弟で丹治比（河内、今の羽曳野《はびきの》市、丹比《たじひ》）の柴垣宮にいて天下をおさめることにした。この天皇は身長九尺二寸半、歯の長さ一寸、広さ二分、上下ひとしくととのい、珠を貫いているようである。ついで妻と子供のことがしるされ、死んだ時、年は六十歳、墓は毛受野《けずの》にあり、治世は五年。まことに簡単きわまる記事である。『書紀』の方は最後の所に「この時にあたりて、風雨時にしたがい、五穀みのれり。人民富みにぎわい、天下太平なり」とある。『書紀』の方は「容姿美麗《みめかたちすがたうるわ》」し、とおまけがついている。「端歯」の名前は美称ではあろうが、ニックネームのような感じでもある。『倭の五王、藤間生大著』、岩波新書、Ｐ５４、

（その３）済《せい》（第十九代・允恭《いんぎょう》・天皇）

「倭国王済である允恭は「四四三年の宋の文帝の元嘉二十年に使を遣わして奉献す。復た以って安東将軍・倭国王と為す」とある。〜〜、済は四四二年か四四三年頃に位についたのである」。『倭の五王、藤間生大著』、岩波新書、Ｐ１４７、

「四五一年の元嘉二十八年に、済は「使持節都督倭・新羅・任那・加羅・秦韓・慕韓六国諸軍事を加え、安東将軍は故《もと》の如く」と任官されている。珍の時代に要求した国名のうち百済にかわって加羅の名が出ているが、とにかく「六国諸軍事」という名称が下附されたのである」。そして、珍の時に失ってい た、「新羅・任那・加羅・秦韓・慕韓の使持節都督（軍事的統轄権）」の徐正を再び獲得したのである。

『倭の五王、藤間生大著』、岩波新書、Ｐ１４８、

「済の積極的な行動は、外交関係のみに表れたのではない。済が「上《たてまつ》る所の二十三人を軍群に徐す」という記事がそれを示している。珍の時代に倭隋たちが平西将軍などの軍号をあたえられたことはある。しかるに、今度は軍号だけではなく、郡号が新しく加えられたのである。軍郡に任官するということは軍事と行政の両面にかかわることである。当時、宋の制度で行くと郡は州郡県の三段階の中間にあたる段階で、郡の民政長官を当時は太守といっていた。軍郡の称号は両方に関係する官名である」。

『倭の五王、藤間生大著』、岩波新書、Ｐ１４９、

注：『宋書』（巻九十七・夷蛮）、倭国の条（現代語訳）には、元嘉二十年（四四三年）、倭国王の済は、使者を派遣して貢ぎ物をたてまつった。そこでまた、安東将軍・倭国王に任命した。元嘉二十八年（四五一年）、倭王済に、使持節・都督倭新羅任那加羅秦韓慕韓六国諸軍事の官職を加え、安東将

軍は元の通りとした。（百済は省かれている、筆者）。ならびに、上奏された二十三人を将軍や郡長官に任命した。（『倭国伝　中国正史に描かれた日本』藤堂明保ら著（講談社学術文庫）、P121）

「四五〇年から新羅と高句麗の対立が漸く激化しようとしはじめた「高句麗長寿王紀」。四五五年、高句麗が百済を侵略した時、新羅は兵を出して救うという始末である（「新羅慈悲王紀」）。朝鮮半島は再び戦争の時代をむかえるかのようになった。こうした状態は、北魏をおびやかす勢力として利用しようとする高句麗の力をよわまらせる。百済・新羅に対する規制力を倭が少しでも発揮でき、それによって高句麗の北魏に対するにらみが増大できればという気持ちが、済が新たに要求する称号の大部分―市持節都督倭・新羅・任那・加羅・秦韓・慕韓六国諸軍事――を宋朝がのみこむ原因となったのではなかろうか。もちろん今度も、みずから宗が冊封している百済をのぞいている」。『倭の五王、藤間生大著』、岩波新書、P159、P160、

記紀における叙述、允恭（第十九代天皇、済《せい》?筆者）は反正（第十八代天皇、珍?筆者）の弟で、遠飛鳥宮《とおつあすかのみや》（大和の高市）にいて、天下をおさめた。允恭は、即位に際し、「私には長い持病があり、天皇の位につくわけにはいかない」といった。しかし、允恭の妃や卿《まえのつぎみ》たちが、ぜひともいうので、即位した。この時、新羅の国王が、たくさんの貢物を送り、その貢物をもってきた大使が、薬の道にくわしく、この人と薬の力によって允恭の病気はなおることになった。～～、允恭が死んだ時、七十八歳。

墓は河内の恵賀の長枝にある。最後に皇太子軽皇子の近親相姦の記事がある。この近親相姦は、後継者に定められていた允恭の子である軽皇子とその弟である穴穂皇子（後の天皇安康、第二十代、筆者）との戦いの原因となり、後者が勝利した。『倭の五王、藤間生大著』、岩波新書、Ｐ５４、Ｐ５５、

この記紀における叙述には、允恭は反正の弟とあり、藤間生大氏がいう「二つの大王家」論の珍と済の続柄が記されていないという説には疑義が生じることになる。

記紀における叙述、『書記』には、「重大な記事を載せている。一つは玉田宿禰《すくね》の処罰の話である。宿禰が反正の殯《みまがり》の席をないがしろにして自宅で宴会をしたからである。宿禰は葛城襲津彦《そ》の孫であり、襲津彦の娘である磐姫《いわのひめ》は、仁徳の皇后で、履中・反正・允恭三「天皇」の母である。允恭と宿禰は従兄弟である。襲津彦の孫娘はなお履中の妃となっている。名家であり、自他とも親しい葛城家の人間を允恭は討ったわけである」。『倭の五王、藤間生大著』、岩波新書、Ｐ５６、

（その４）興（第二十代・安康《あんこう》・天皇）

「興が世子の名で使いを出した年が四六〇年で、倭王の任官に二か年かかったと考える理由は、〜〜、興の場合は立つがなくて、すぐに使いをだしている。これでは王に「立」たないうちに、乃至は追認されない形で、世子の身分で使いを出したことになる。〜、死後の相続あらそいを配慮しての世子の決定

であったのだろうが、事態は逆になったようである。君主権の相続に対する影響力の貫徹が、一直線に行っていないことを示すものである。〜〜、宗の方ですぐには任官のできない事情があったにちがいない。せっかく倭王済によって、生前すでに後継者である「世子」に定められながら、それの実現が、すぐには行われなかった。〜〜、反対する人々と古い慣習があったためではなかろうか」。『倭の五王、藤間生大著』、岩波新書、P93、P161、

「興は手間取りはしたが、とにかく「安東将軍・倭国王」に任じられた。〜〜、

それにしても四六二年に任官をうけて以来、興はその後一度として宗朝に使いを出さなかった。しかもその治世は十七年近くに及んでいる。宋朝では廃帝・明帝・後廃帝と続いている。百済や高句麗は引き続き朝貢している。一方、朝鮮では高句麗・百済・新羅が三つ巴となって、紛争が激化しはじめている。〜〜、ついに四七五年、百済の首都漢城が高句麗兵によっておとされてしまい、国王以下とらえられ、新しい都を熊津にもとめざるをえなかった。『倭の五王、藤間生大著』、岩波新書、P162、P163、

「約十七年と思われる彼の治世における朝鮮の動きは大変であり、なんらかの倭の動きがないはずはない。〜〜、すなわち雄略の時代のこととして書いてあるが、実は、安康の時代の出来事ではないかということである」。『倭の五王、藤間生大著』、岩波新書、P164、

「それに最も根本的な問題としては、武としての雄略が即位したのは四七七年頃で、少なくても四七五年の漢城落城以後のことである。しかるに漢城落城は『書紀』によると雄略の治世の二十年の出来事となっている。四七七年頃の雄略即位が事実だと思う私は、雄略の時代のこととして書いてある漢城落城などの記事は、実は安康の時代に書くべきであったと考えている」。『倭の五王、藤間生大著』、岩波新書、P69、

注：『宋書』（巻九十七・夷蛮）、倭国の条（現代語訳）には、「倭王済が死に、世嗣の興が使者を遣わして貢ぎ物をたてまつった。大明六年（四六二年）、世祖孝武帝は詔を下して言った」。「倭王の嗣子の興は、代々重ねてきた中国への忠節を大切にし、外海に藩屏《はんぺい》となり、中国の感化をうけて辺境を安らかにし、うやうやしく貢ぎ物をもって来朝した。興は新たにその遠い地を治める仕事を嗣いだのだから、爵号を授けて、安東将軍・倭国王とせよ」。（『倭国伝　中国正史に描かれた日本』藤堂明保ら著（講談社学術文庫）、P121、P122）

記紀における叙述、「安康は允恭の子供であるが、皇太子の軽皇子を押えて、位についた。『紀』によると、軽皇子は物部大前宿禰の助けをもとめたが、大前は安康兄弟あらそいはしないようにと仲だちに立った。軽皇子は孤立を感じたのか自殺した。また一説によると、伊予国に流されたとある。なお古

事記の方では大前は自分の家に来た軽皇子を捕えてつき出したことになっている。即位紛争の火中に大前はいらないようにしている。即位して安康は石上の穴穂宮で天下をおさめた。安康は弟の大長谷《おおはつせ》の妻をもとめるために、坂本臣たちの祖である根臣《ねのおみ》を、大日下王《おおくさかのみこ》（仁徳の子、安康の叔父）の下につかわし、「おまえの妹の若日下王を大長谷にめあわせたいと思うから、さし出すよう」にと言った。大日下王は喜んで同意し、敬意を表す為に、押木の玉縵《たまかずら》をもたせて献上した。根臣はこの玉縵がほしくなり、「大日下王は、天皇の申し出を拒否し、同じ族《うから》ではあっても、その下席《したむしろ》にいるような者の妻に、自分の妹をするわけにはいかないといって怒り、刀の柄にて手をかけ、今にも使いの私を殺さんばかりでした」と報告した。安康は大変におこって、大日下王を殺し、その妻の長田大郎女《おさだのおおいらつめ》を奪って、自分の妻にしてしまった。その後、安康が床にあってひるねをしていた時、妻となった長田大郎女に「おまえと先夫の子供である目弱王は成人したあかつき、自分の父が、私に殺されたと知ったら、復讐心をおこすだろうか」と言った。その時七歳であった目弱王はその部屋の下で遊んでいたので、安康の言葉をきいた。目弱王は安康が眠るとともに、安康のそばにあった太刀をとって、安康の頸をきり、都夫良意富美の家ににげた。安康はその時、五十六歳。墓は菅原の伏見の岡（大和市添下郡）にある。『倭の五王、藤間生大著』、岩波新書、P57、P58、

（その5）武（第二十一代・雄略天皇）

「武が昇明元年、二年（四七八年）と続けて使いを宗に出した積極性は興にはみられなかった。堂々

とした上表文は武の気魄のあらわれである。しかし武の上表文に書いてある高句麗遠征のもくろみの所は現実ばなれしている。深刻な事態は南朝鮮に起こっている。「紀小弓が追撃して敵《いくさ》の将《きみ》を陣《いくさ》の中で斬る。喙《とく》？（大邱）の地《ところ》悉《ふつく》に定りて、遺衆《のこりのともがら》下《したが》わず。紀小弓宿禰、亦兵を収《おさ》めて、大伴談連《かたりのむらじ》等と会う。兵《つわもの》復《また》大いに振《ととの》いて、遺衆と戦う。是の夕に、大伴談連及び紀岡前来目連《きのおかさきのくめのむらじ》、皆力《きわ》め闘いて死ぬ」（「雄略紀」九年）。この記事は、前にもいったように安康の時代のものかもしれないが、ここには人民的なゲリラと考えられる「遺衆」の存在が想定できる）。『倭の五王、藤間生大著』、岩波新書、P171）

武の上表文、『宋書』（巻九十七・夷蛮）に記載されている順帝の昇明二年（四七八年）の武の上表文、「私の封ぜられた国は遠い土地のきわみにあって、私の政府でもって皇帝陛下の領土の外側を固めています。思いますのに私の祖先の禰《でい》は自ら甲冑をきて、山川を跋渉し、少しの休む間もありませんでした。かくして東の方は毛人（蝦夷?、筆者）の国を征服すること五十五国、西の方は多くの夷を征すること六十六国、更に海を渡って我が国の海北を平げる事九十五国、王道は浸透し王威の及ぶ所は広くし、畿《おひざもと》をそれだけ広げています。私は、遠く離れた所にいますが、代々御機嫌伺いにまいり少しも怠ることがございません」。と祖先の禰の時代から今日にいたるまで、皇帝の為に命を投げうって東奔西走、加えるに海の外まで出かえて活躍している旨を訴えている。ついで、「臣はいたっておろかな者ではありますが、辱けなくも先祖代々の後をひきつぎ、統治している人々を総動員して、あなたの御威光をありがたく思わせています。この為、百済を経て船を装備し陛下のもとに参上しようとしています。それなのに高句麗が無道にも各地の併呑を欲し辺境の地域を掠めとり人を殺してやみません。この為私が出した使いの者達は滞り、使者の持っていた良い品物はなくなります。しかし何とかして陛下のもとに参りたいと思い使いの者を出しております。そちらに着く時もあり、着かない時もあるのも、高句麗のためです。私の死んだ父の済は悪い仇なる人間どもが皇帝の支配されている道をふさいでいるのを怒り、私のところにいる百万の弓引く兵は、私の父の正義に声に励まされ、大挙して高句麗を攻めに行こうとしました。しかるに急に父兄が死にましたので、成功の寸前で事業を果たし得ないことになりました。以後喪に服することになり、兵隊を動かすこともできません。この為軍隊を現在は休ませております。しかしいつまでもこのような状態にはおきません。現在すでに軍隊の整備と訓練にあたり、父兄の志を私の手によって実現しようとしていります。義士（忠義の念にあつい兵か）、虎賁《こほん》（近衛兵）たちはおおいに武功をあげようと願い、敵の刃が眼前にせまろうとも少しもみじろぎもしない心境にあります」。～～、「忠節にはげむこうした私は、みずから　府をひらいて属僚を置き、受取る儀礼は三司（大尉・司徒・司空）と同じ階級にあるべきものと考え、その他の官職は、父がもっていたものをそのまま下さるように。そうなれば私の忠節の一段のはげましにもなりましょう。」あざやかなうりこみで、この上表文は終る。倭国伝（『宋書』（巻九十七・東夷、倭国伝、筆者注）はこれにつづいて順帝の詔《みことのり》をしるしている。「使持節都督倭・新羅・任那・加羅、秦韓・慕韓六国諸軍事、安東大将軍・倭王に徐す。」」。かって済がもらった官職とくらべて、一段と高い大将軍の名称を武は手にいれることになった。しかし、新しい位をあたえた宋朝の順帝は、次の年の四月には斉朝を始めた蕭紹伯《しょうしょうはく》（後の高帝）によって位を奪われて、殺されてしまった。順帝時に十三歳であった『宋書順帝紀』。『倭の五王、藤間生大著』、岩波新書（D87）』P94、P95、P96、P97、

「まず武の場合に目立つのは、その上表文である。いまだかってなかったし、『宋書夷蛮伝』にのっているいろいろな上表文のなかでも、これほど堂々としたのも珍しい。この上表文が帰化人の手によるものであることはいうまでもない。しかもそれは武の意図をくんでいる。『倭の五王、藤間生大著』、岩波新書、P171、

「新羅もまた積極的に任那への進出を実行しはじめている。四七五年の高句麗軍による百済の漢城陥落は、一つの危機感を倭にもいだかさせたにちがいない。高句麗対策も必要となる。がしかし焦眉の問題は、南朝鮮にあり、南朝鮮の一環として高句麗対策は考えられるべきものとなっている。すでに第二義的な意義しかもたない高句麗対策が、武の上表文の重点の一つとなっていることは、武の見通しが現実から遊離している証拠である」。『倭の五王、藤間生大著』、岩波新書、P173、

記紀における叙述（1）

「雄略が即位する直前、兄弟や従兄弟を殺している。相続にからんでいつも起こる紛争の一つである。

従兄弟の皇子忍歯《おしは》が雄略によって殺されたのは、天皇安康が、彼に後事をたくそうとしたことを根にもったからだと『書紀』は書いている。〜〜、「雄略紀」二年十月の条に、「天皇、心《みこころ》を以て師《さかし》としたまう。誤りて人を殺したまうこと衆《おお》し。天下、そしりて、『大《はなは》だ悪《あ》しくまします天皇』ともうす、ただめぐみたまう所は、史部（ふみひと）の身狭村主青《むさのすぐりあお》、檜隈民使博徳《ひのくまのたみのつかいはかとこら》等のみなり」と書かれる所以である（この二人は帰化人であるといわれている、筆者）。ここにひかれた荘子の「心を以て師とする」という言葉の意味は、まず自分の考えを立て、その考えに相手を従わせようとすることで、自分に拘泥し、荘子にいわせれば、自然にそむくことになる。『倭の五王、藤間生大著』、岩波新書、Ｐ１６６、Ｐ１６７、

記紀における叙述（２）、「大長谷は安康暗殺のことを聞き、兄・黒日子王のもとに、怒りなげきながらやってきて「だれかが、天皇安康を殺した。どうする」といった。黒日子王は大して気にもかけない風であった。「安康は一つには天皇であり、一つには兄上ではないか。殺されたときいて、別にこれといった気まがえもなく、驚く様子もない」と言って、王のえりくびをとってひきすえ、刀をぬいて殺してしまった。さらに兄の白日子王の下にも出かけたが、黒日子王と同じようであった。今度はえりをとってひっぱり出し、小治田（大和高市郡）につれてきて、穴を掘ってうずめ、土をかけた。土が腰のところまできたとき、両眼がとび出してしまった。すさまじい迫力である。ついで大長谷は、目弱王がにげていった都夫良意富美《おほみ》の家に兵をくり出し、目弱王とともに最後まで戦った意富美をも殺してしま

った。この戦いのさなかに、かねて大長谷と知りあっていた意富美の娘を、自分のもっている五か所の屯倉《みやけ》とともに意富美は大長谷にさしだしている」。『倭の五王、藤間生大著』、岩波新書、P58、P59、

記紀における叙述(3)、「大長谷は、履中の子で大長谷とは従兄弟になる市辺忍歯王《いちべのおしはのみこ》を、近江の狩場におびき出し、そこで殺してしまった。市辺王の子供である意祁（オケ）と袁祁（ヲケ）は、身をかくし、播磨の国の志見牟《しじむ》という人の家にかくれて、馬飼牛飼《うまかいうしかい》となった。皇位についた雄略は長谷（大和城上郡長谷郷）にいて天下をおさめた」。『倭の五王、藤間生大著』、岩波新書、P58、P59、

注：歴代天皇は第二十一代・雄略天皇、第二十二代・清寧天皇と続くが、清寧天皇には子供がなく死亡する。第二十三代・顕宗《けんぞう》天皇は、大長谷が殺してしまった履中の子で、大長谷とは従兄弟になる市辺忍歯王《いちべのおしはのみこ》には、二人の息子、意祁（オケ）と弟・袁祁（ヲケ）がいた。後、お互い皇位を譲り合い、弟・袁祁（ヲケ）が皇位についた。第二十三代・顕宗《けんぞう》天皇である。福永武彦訳、『古事記』河出文庫、P399、尚、『私の日本古代史（下）』の著者・上田正昭は兄のオケ王は第二十四代・仁賢天皇としている（著者）。

記紀における叙述（4）、「雄略紀」九年の条に「天皇、親《みずか》ら新羅を伐たむと欲《おもお》す。神、天皇に戒《いまし》

めて曰《のたま》わく、「な往《いま》しそ。」天皇、是に由りて、果《はた》して行《いま》せたまわず」の記事をのせている。「みずから甲冑をき、山川を跋渉」する気概のあらわれであるが、もはや個人的なプレイで解決できる状態ではない。〜、加えるに、国内の政治情勢は、次にその一端をみるように、一段と複雑になってきている。彼の勇武と気性のはげしさのみでは、彼の素志は貫徹しがたい状態にあった」。『倭の五王、藤間生大著』、岩波新書、P177、

「雄略の二十年、大きな破局が百済におきた。この年の条に引用されている「百済記」によると蓋鹵王《こうろ》の乙卯《きのとう》の年（四七五年）「高句麗」の大軍がきて大城（百済の首都漢城）を攻めること七日七晩、城はついに落ち、国王・皇后・王子等が、皆敵の手におちたというのである。「雄略紀」二十一年の条によると、雄略は百済が高句麗の為に敗れたと聞き、久麻那利（熊津）をもって汶州《もんす》王（文周王、蓋鹵王の子）に賜い、その国を救い起こしたとある。雄略の二十三年七月、雄略は病気になり、八月、死んでしまった。死の床についた雄略は、大伴室屋と東漢掬直《やまとのあやのつかのあたい》をよんで遺言した。「もと田狭の妻であった稚姫《わかひめ》と自分の間に生まれた星川皇子は腹悪しく、心は粗暴、天下にそのことはきこえている。ただ自分が死んだ以後、あとつぎの白髪武広国押稚日本根子《しらかのたけひろくにおしわかやまとねこ》を害するかもしれない。室谷は、たくさんの民部《かきべ》をもって勢力のあることだから、よく皇太子をたすけてほしい。その後、雄略が心配したように星川の反乱があったが、大伴室屋によって打ちほろぼされてしまった。」『倭の五王、藤間生大著』、岩波新書、P66、P67

（４）「倭の五王」以後の倭国

「中国史書では、五〇二年に倭王武に征東大将軍を授けたことがみえるのを最後として（『南史』）、わが国と中国との正式の交渉記事は消滅する。六〇〇年に、隋へ使節が派遣されたことがみえるまで（『隋書』）、まったく跡を絶ったのである。『私の日本古代史（下）─古事記は偽書か─継体朝から律令国家成立まで』上田正昭著、Ｐ87、

継体天皇（第二十六代、筆者注）二十一年六月の条からの筑紫国磐井の叛乱は重要である。仁賢天皇（第二十四代、筆者注）以後は説話を一切掲載しない『古事記』にも「此の御代に、竺紫君石井、天皇の命に従わずして、多く礼无《いやな》かりき。故、物部荒甲《もののべのあらかい》の大連、大伴の金村の連《むらじ》二人を遣はして、石井を殺したまひき」と記述するように無視できない重要なできごとであったが、この筑紫君磐井の叛乱の背景には、「継体天皇紀」が多くの記事をあてている朝鮮半島南部における百済・加那そして倭国の勢力と新羅との抗争のなかで、磐井が新羅と同盟したことがひそんでいた」。『私の日本古代史（下）『古事記』は偽書か─継体朝から律令国家成立まで』上田正昭、新潮選書、Ｐ78、

「そこで政府は、朝鮮半島への出兵軍を組織して、大規模な軍事行動に出ようとした。ひそかに謀反の機会をうかがっていた北九州の豪族らは、筑紫国造磐井を中心として朝鮮への出兵を拒否した。そればかりか、政府軍を迎えうった。時に五二七年である。磐井らの反乱軍は、筑紫あたりから肥《ひ》・豊《とよ》（熊本・大分両県の地域）におよぶ同盟軍によって構成されていたらしい。こうして一年有半にわたる激戦がくり広げられたのである。政府軍はくぎづけとなり、政府軍の命じる兵力や物質を拒否する豪族・有力農民らの反乱に出会って、ついに朝鮮出兵の計画も効果をあげないままに挫折してしまった。反乱軍の立役者である磐井という人物は、筑紫君として氏姓秩序に組み入れられ、国造に任じられてはいたが、彼は新羅ともよしみを通じて独立のチャンスをかねがね待望していた。『筑後国風土記』の逸文が物語るところによれば、生前に巨大な墓を営み、また政治を執行する場所（街頭《がとう》を設けていたという。そこには罪人を取り調べる人々（解部《ときべ》がおり、兵馬をめぐらせてその威容を誇っていた。磐井の墓と伝えられる福岡県八女市の岩戸山古墳（前方後円墳）は全長一二五メートルもあり、そこから注目すべき石人・石馬が出土している。～～筑紫・肥・豊にわたる磐井の叛乱は時の政府にとって大きな打撃となった。そしてついに、五三二年（一説には五二九年）には、加那地域の中心であった金官と喙己呑《とくととん》・卓淳《とくじゅん》の各地域が、新羅に併合されてしまうのである。『私の日本古代史（下）　古事記は偽書か――継体朝から律令国家成立まで　上田正昭』Ｐ８５、Ｐ８７、

注：磐井の乱：「かって身をつくした大和政府によって裏切られたことに対するこうした怒りは、五二

七年頃、北九州において公然たる反乱をおこした磐井の言葉に、最も堂々たる形で示されている。「今こそ使者《つかいひと》（大和政府）であるが、昔は吾が伴《ともだち》として、肩摩《す》り肘《ひじ》触《す》りつつ、共器《おなじけ》にして同食《ものくら》いき、安《いずくん》ぞ率爾《にわか》に使となりて、余《われ》をしておまえの前に自伏《したが》はしめむ。」『倭の五王、藤間生大著』、岩波新書、Ｐ１８９、

第六章　歴代天皇と蘇我氏、仏教伝来、そして、遣隋使、遣唐使

「継体天皇（第二十六代、筆者）の二十三年（五二九）の九月に許勢男人《おひと》大臣が死んで、ついで大臣として有力化してきたのは、やはり奈良盆地西南部の地歩を築き漢《あや》氏などの新興勢力と結びついた蘇我氏であった。欽明天皇の擁立には、この蘇我氏が背景にあったと思われる。欽明天皇の妃に蘇我稲目の娘である堅塩媛《きたしひめ》と小姉君《おあねのきみ》を入れているのも、蘇我氏が欽明天皇と密接な関係にあったことを物語る。」『私の日本古代史（下）『古事記』は偽書か－継体朝から律令国家成立まで』上田正昭、新潮選書、P112、113、

「『日本書紀』の記述は、安閑天皇（第二十七代、筆者）の即位を甲寅（五三四年））として、継体天皇（第二十六代、筆者）の死（五三一年）との間に二年の空位を認めながら、しかも他方で継体天皇が亡くなる前に、安閑天皇に譲位したとのべるような矛盾を内包している（安閑天皇即位前紀の条）。『書記』のこのあたりの紀年には混乱があって、むしろ継体天皇亡きあとに欽明天皇（第二十九代、筆者）が即位し、二年後にはこの王者が並び立って安閑天皇が擁立されたとみなすほうが、よりすじみちの立つ解釈となる。～～、継体天皇が亡きあとに欽明天皇系と安閑天皇系が対立併存したとみなしうることは、いかに当時の朝廷が各地豪族や有力農民らの反抗を背景に、混乱し動揺したかを物語ってい

る」。『私の日本古代史（下）古事記は偽書か―継体朝から律令国家成立まで　上田正昭』Ｐ９０、

ここで、日本歴代天皇を見てみよう。初代天皇は神武天皇だが、第二次世界大戦後、歴史学の主流となった欠史十三代が、その後の研究により第十代・崇神天皇以降の実在性が強まり、欠史八代へと変化した。そして、松本清張著『清張通史２　空白の世紀』Ｐ７７には、『記紀』の年代は百二十年（干支二運）ひきのばしているとしている。

注：欠史八代、古代の天皇の実在を疑問視する説を初めて提唱したのは、歴史学者の津田左右吉（一八七三年～一九六一年）である。津田の初期の説では欠史八代に加えて、それに次ぐ崇神天皇・垂仁天皇・景行天皇・成務天皇・仲哀天皇及びその后である神功皇后も存在を疑問視して「欠史十三代」を主張していた。～、特に第二代綏靖天皇から第九代開化天皇までの八代が、後世に造作された架空の天皇であるという見解は、二十世紀末頃までに概ね定説として受け入れられている。ウィキペディア、２０２１、１１、１（月）

（1）仏教伝来

倭が活躍していた時代、魏、秦、宋、斉、梁、陳の時代が終わり、五八一年楊堅、静帝から禅譲され隋の時代となる、首都は大興城（西安）である。

遣隋使が派遣された時代の概ねの記紀の歴代天皇で、西暦の推定できる事項を拾ってみると、欽明朝（第二十九代、筆者）における最大の出来事は仏教の伝来である。「『日本書紀』などは、欽明天皇の壬申年（五五二）に百済の聖明王（聖王）から釈迦金銅像一軀（一体）と幡蓋若干・経論若干がもたらされたとしるし、『上宮聖徳法王帝説』や『元興寺伽藍縁起幷流記資財帳』などでは、欽明天皇の戊午年（五三八）に伝来したとのべる。～、仏像・経典の伝来も重要だが、公伝のメルクマールとしては、僧侶の渡来がもっとも注目すべき内容となる。五四八年には仏の教えを説く僧が渡来していたのである。」『私の日本古代史（下）『古事記』は偽書か―継体朝から律令国家成立まで』上田正昭、新潮選書、P106、107．

『日本書紀』には五五二年（欽明一三）、百済の聖明王（聖王）が陪臣達率怒唎斬致契らを遣わして釈迦仏金銅像、幡蓋、経論を贈り、これを欽明天皇から授かった蘇我稲目が祀ったという有名な倭国への仏教伝来の記事がある。この仏教伝搬の背景には、六世紀中葉、武寧王、聖明王代における百済の国内外の強いインパクトがあった。百済王権は佐平層豪族の反乱を平定する一方で、高句麗・靺鞨と戦い、梁に朝貢し、冊封を受けた。新羅と交流しつつも、高句麗と交戦、熊津（公州）から泗沘《しひ》（扶余）に遷都し、ついで六世紀末葉には高句麗、新羅と交戦し、陳、隋に朝貢、北朝の斉にも朝貢するという実に複雑な和戦両様の国際関係を繰り拡げた」。『倭国史の展開と東アジア』鈴木靖民、岩波書店、Ｐ２７５、Ｐ２７６、

注：靺鞨《まっかつ》、中国の随唐時代に中国東北部・沿海州に存在した農耕漁労民族。南北朝時代における「勿吉」の表記が変化したものであり、粛慎・挹婁の末裔である。十六部あったが、後に高句麗遺民と共に女真族となって金朝・清《しん》朝を建国した北の黒水部の二つが主要な部族であった。金朝：中国の北半を支配した女真族の征服王朝、清朝、一六一六年に満州に建国された一六四四年から一九一二年まで中国と蒙古を支配した最後の統一王朝、首都は盛京、後の北京に置かれた。ウィキペディア、２０２１年９月１７日（金）０８：４６、

「つまり百済は中国の激変する王朝の交代に対処して、次々に興る南北の諸朝に朝貢し、バランス外交を維持しながら、高句麗、新羅との抗争に明け暮れた。このような厳しい交際情勢を乗り切るため、中国から導入した中国文化、ことに仏教文化を諸博士の番上制（順番に交代する、筆者）により倭王権に伝え、代わりに高句麗進攻に備えて倭の救軍も頻繁に求めた（『書紀』欽明七、八、一三、一四年条など）。倭国はこれに応えて軍勢や武器、食料を送った。仏教の伝搬には、既に五四五年（欽明六）、天

皇のために丈六仏像を造るという前段階があったらしい。百済の諸博士の上番は、五一三年（継体七）、五経博士段楊爾を嚆矢とするが、～、いわば最先端の技術、技能、学問、思想などの諸文化を伝達し、倭国の王権の支配諸制度を整備すると同時に、その代替に倭国の軍事援助を要求するギブ・アンド・テーク策をとったのである。『倭国史の展開と東アジア』鈴木靖民、岩波書店、Ｐ２７６、

「敏達天皇（第三十代、筆者）八年には、新羅が「調」と仏像を倭国の政府におくったが、高句麗の使節は欽明天皇（第二十九代、筆者）三十一年（五七〇）の四月には北陸に上陸し、五月には近江を経て大和に入る。そのおりばかりではない。敏達天皇三年（五七四）の五月には再び高句麗の使節が北陸に来着、やはり近江経由で七月には大和にはいっている。百済との友好ばかりでなく、新羅・高句麗との友好が具体化してきたことに注目したい。」～、新興勢力である蘇我氏は仏教を崇拝したが、これに反対する物部氏らは敏達天皇十四年二月に仏像と仏殿を焼き、焼け残った仏像を難波の堀江に破棄したと『日本書紀』はしるす。」『私の日本古代史（下）『古事記』は偽書かー継体朝から律令国家成立まで』上田正昭、新潮選書、Ｐ１１１、Ｐ１１２、

注：「調」は祖・庸・調の調で、若井敏明著、『「神話」から読み直す古代天皇史』洋泉社、ｐ１８２には、百済は毎年ヤマト政権に「調《みつぎ》・朝廷の物品税」を貢上することとなったわけである、とある。

「欽明天皇（第二十九代、筆者）のあとをついだのは敏達天皇（ヌナクラフトタマシキ大王）（第三十代、筆者）であった。『日本書紀』によれば、敏達天皇六年（五七七）の十一月に百済王（威徳王）が、経論若干・律師・禅師・比丘尼・呪禁師・造仏工・造寺ら六人を倭国へ渡来させた」。『私の日本古代史（下）『古事記』は偽書か―継体朝から律令国家成立まで』上田正昭、新潮選書、P111、

「崇峻天皇（第三十二代、筆者）二年（五八九）には隋が陳を滅ぼして中国を統一し、朝鮮三国もただならぬ気配が濃厚となった。高句麗は陳の滅亡を知って、兵をととのえ、穀物を集積して隋の攻撃に備えながら、崇峻天皇の四年（高句麗嬰陽《えいよう》王二年、五九一）に遣隋使を派遣している。新羅はその年（真平十三年）の七月、南山城を築造した。時のヤマト朝廷はその十一月の大動員令をくだして、物部征討に功績のあった紀男麻呂《きのおまろ》宿禰らを大将軍とする「二万余」の大軍を北九州に集結させた。この軍の将軍らが、大和に帰るのは、推古天皇三年（五九五）の七月である。」『私の日本古代史（下）『古事記』は偽書か―継体朝から律令国家成立まで』上田正昭、新潮選書、P126、

さて、日本では「用命天皇（第三十一代、筆者）の没後、王位の継承をめぐる紛争が導火線となって物部氏と蘇我氏の対立が激化し、ついに物部氏の主流は五八七年に蘇我氏を主軸とする反物部氏の勢力によって打倒された。中央執政部における蘇我氏の実力は、もはや他の追従を許さぬものとなった。用明天皇亡きあとには、稲目の娘である欽明天皇の妃となった小姉君《おあねのきみ》が生んだ泊瀬部《はつせべ》皇子（崇峻天皇、

第三十二代、筆者）が継承したが、その崇峻天皇すら馬子の刺客東直駒《やまとのあやのあたいこま》によって殺害された。そしてかねて馬子が密接な連絡を保っていた敏達天皇（第三十代、筆者）の大后（皇后）となった額田部《ぬかたべ》皇女（稲目の娘堅塩媛を母とする）すなわち推古女帝（第三十三代、筆者）が即位する。この天皇は、皇后で女帝となった天子であり、かつ直接に蘇我氏の血脈をつぐ女帝でもあった。」『私の日本古代史（下）『古事記』は偽書か―継体朝から律令国家成立まで』上田正昭、新潮選書、P121、

注、推古天皇（第三十三代）の在位期間は、593年1月15日から628年4月15日と言われている、ウイキペディア、2022年1月26日（水）、

厩戸皇子（聖徳太子）について、『日本書紀』の推古天皇元年四月の条には「父の天皇（用明天皇）愛《めぐ》みたまひて、宮の南の上殿《かみつみや》に居らしめたまふ。故《かれ》、その名を称へて、上宮厩戸豊聡耳《とよとみみ》太子と謂《もう》す」とするす。～、厩戸皇子の王家が上宮王家とよばれるようになったのも、はじめて居住した地が上宮であったからである。この上宮王家は、蘇我氏とのかかわりの深かったことは前述したが、欽明天皇と小姉君（蘇我稲目の娘）との間に穴穂部間人《はしひと》皇女がうまれ、その間人皇女は欽明天皇と堅塩媛《きたしひめ》（稲目の娘）との間に生まれた用明天皇の大后となり、その用明天皇と間人大后との間に誕生したのが厩戸皇子であったことをかえりみただけでも、蘇我氏との血のつながりがきわめて濃厚であったことがわかる。『私の日本古代史（下）『古事記』は偽書か―継体朝から律令国家成立まで』上田正昭、新潮選書、

ｐ１６２、

「推古天皇二年（五九四）二月には「三宝興隆」の詔がだされたという。三宝とは仏・法・僧のことである。～、～、推古天皇三年（五九五）には前にのべた高句麗の慧慈や百済の僧慧聡が来たり、～～、慧慈は廐戸皇子《うまやど》の師となり、廐戸皇子は「内教（仏教）を高麗僧の慧慈に習った」という。慧慈が渡来してきたその年、廐戸皇子は二十二歳であった。そして翌年廐戸皇子は伊予へ慧慈らと共におもむいた。～、松山市道後温泉の伊社邇波（いさにわ）の丘には、湯岡の碑があって、廐戸皇子が慧慈らと、湯岡のあたりを逍遥したことを碑文にしるす。」『私の日本古代史（下）『古事記』は偽書かｌ継体朝から律令国家成立まで』上田正昭、新潮選書、ｐ１５５、１５６、

「推古天皇十年には、太子の弟である来目皇子を将軍とする征新羅軍が編成されたが、翌年来目皇子が北九州で病没して征討計画は不発となった。そして、新たに来目皇子の兄、当麻皇子が征新羅軍の将軍となる。しかし推古天皇十一年七月、当麻皇子の妻舎人姫王《とねりのひめみこ》が亡くなって、当麻皇子も大和へ帰還した。こうして新羅征討のこころみは挫折した。おりしも百済が新羅を攻撃し、高句麗も新羅を討つという朝鮮三国の情勢変化があった。～、推古朝の対朝鮮政策は、推古天皇十一年十月の小墾田宮遷居以後大きく変化し、朝鮮三国との友好が前進することになる。」『私の日本古代史（下）『古事記』は偽書かｌ継体朝から律令国家成立まで』上田正昭、新潮選書、Ｐ１３６、１３７、

『日本書紀』の「推古天皇十二年（六〇四）四月に「皇太子、親《みずか》ら肇《はじ》めて憲法十七条を作りたまふ」とある。その憲法の第十二条には「国司・国造・百姓」とあるが、「国司」制は律令時代の「大宝令」によって具体化するのであって、七世紀のはじめに「国司」が存在したわけではない。また『日本書紀』の推古天皇二十八年是歳の条には、「皇太子と嶋大臣《しまのおおおみ》（蘇我馬子）、共に議《はかり》て、天皇記・国記・臣連伴国造百八十部《ももやそべ》併せて公民の本記を録《しる》す」と記載がするが、当時すでに「天皇」という称号が使われていたはずはない。さらに「公民」という用語が使われていたとするのも疑問である。『私の日本古代史(下)『古事記』は偽書か――継体朝から律令国家成立まで』上田正昭、新潮選書、P130、131、

その廐戸皇子は推古天皇三十年（六二二）二月二十二日、斑鳩宮で歳四十九でなくなる。上宮王家は太子と蘇我刀自古郎女《とじこ》の間に生まれた山背大兄王が継承することとなった。〜、推古天皇三十四年（六二六）には蘇我馬子が没し、二年後には推古天皇もこの世を去った。蘇我本宗家をついで実力者となったのは蘇我蝦夷《えみし》であったが、つぎの王位継承をめぐる内紛がおこり、彦人大兄皇子《ひこひとのおおえ》（敏達天皇（第三十代、筆者）の子）の嫡子である田村皇子を推挙するグループと山背大兄王を支持するグループとが対立した。境部臣魔理勢《さかいべのおみまりせ》らは山背大兄王を推したが、大勢は田村皇子の擁立派が占め、魔理勢は蝦夷らの軍によって滅ぼされた。〜、蝦夷は事実上馬子亡きあとの実力者となった。こうして田村皇子が即位して舒明天皇（第三十四代）となる。その即位年は六二九年である。〜、敏達―彦人大兄―舒明の系譜には

全く蘇我系は介入していない。京都大学教授吉川真司説（『飛鳥の都』岩波新書、二〇一一）にいう押坂王家は非蘇我系であった。」『私の日本古代史（下）『古事記』は偽書か―継体朝から律令国家成立まで』上田正昭、新潮選書、P163、

「舒明天皇なきあと、つぎの王者には山背大兄王がなるべきであった。しかし蘇我蝦夷らは、あえて舒明天皇の大后《きさき》（筆者）であった宝皇女を推載して王者とした。皇極天皇（第三十五代、筆者）がその人である。蘇我本宗家と山背兄大王らの上宮王家との対立はさらに表面化してくる。加えて唐・新羅と高句麗・百済の両勢力との争いはただならぬ局面を迎えつつあった。蘇我入鹿（鞍作、蝦夷の子）らは山背兄大王を倒し、舒明天皇と法堤郎女《ほてのいらつめ》（蝦夷の妹）との間に生まれた古人皇子をつぎの王者にともくらんでいた。ついに上宮王家滅亡の時がおとずれてくる。皇極天皇二年（六四三）十一月、蘇我入鹿らは斑鳩宮を急襲した。山背大兄王らは一時生駒の山中に逃れた。～、しかし、山背大兄王らは斑鳩宮にもどってたてこもった。そして無念のうちに、子弟・妃妾らともろともに自刃してはてた。上宮王家には山背大兄王ほか一二名の諸王があり、八名の王女がいた。そのおり自殺したのは、一五名とも二三名とも諸伝にまちまちである」。『私の日本古代史（下）『古事記』は偽書か―継体朝から律令国家成立まで』上田正昭、新潮選書、P164、P165、

（2）乙巳《いっし》の変

「皇極天皇四年（六四五）の六月十二日、飛鳥板蓋宮で朝鮮三国の「調」更進の儀式があって、皇極天皇が出御している前で中大兄皇子（後の第三十八代、天智《てんぢ》天皇、筆者）・佐伯子麻呂らが蘇我入鹿を斬殺、翌日には発掘調査で明確となった甘樫丘の東隣にあった邸で蝦夷は自殺、古人大兄皇子は「謀反」の容疑で殺害されるにいたった。こうして稲目─馬子─蝦夷─入鹿と権勢をふるった蘇我本宗家は滅んだ。『家伝』（上・大織冠伝）などによれば中大兄皇子・皇極天皇の実弟（孝徳天皇、第三十六代、筆者）・蘇我倉山田石川麻呂らは改革派の結束を固め、佐伯子麻呂・稚犬養網田《わかいぬのあみた》らをクーデターに動員した参謀は中臣《なかとみ》鎌足（後の藤原鎌足、筆者）であった。この政変を乙巳《いっし》の変と呼ぶが、事件後皇極天皇が退位し、軽皇子が即位して孝徳天皇（第三十六代、筆者）となった。皇極天皇四年（六四五）の六月十四日のことである」。『私の日本古代史（下）『古事記』は偽書か─継体朝から律令国家成立まで』上田正昭、新潮選書、P171、P173、

注：中大兄皇子、生没年（六二六─六七一）、舒明天皇を父とし、皇極天皇（斉明天皇）を母とする葛城皇子で、後の第三十八代・天智天皇。

注：古人大兄皇子《ふるひとのおおえのみこ》は、舒明天皇の第一皇子で、母は蘇我馬子の娘・蘇我法提郎女《ほほてのいらつめ》で大臣・蘇我入鹿とは

従兄弟にあたる。娘は倭姫王（天智天皇の皇后）となる。古人皇子・古人大市皇子・吉野太子とも呼称された。ウィキペディア、2020年10月20日、02：18、

注：「乙巳《いっし》の変によって、蝦夷・入鹿の蘇我本宗家は滅びたが、稲目→倉山田石川麻呂の系統は本宗家滅亡後も重きをなし、たとえば石川麻呂の弟の蘇我赤兄《あかえ》は、天智天皇の左大臣となっていた。明日香文化における蘇我氏の役割は大きいが、天武・持統朝になると蘇我氏がまったく無力になっていったのはいかにも象徴的である」。『私の日本古代史（下）『古事記』は偽書か―継体朝から律令国家成立まで』上田正昭、新潮選書、P300、

「軽皇子が即位し（孝徳天皇）、大化元年（六四五）の六月十四日、新政府は中大兄皇子を皇太子、阿部臣内麻呂を左大臣、蘇我臣山田石川麻呂を右大臣、中臣連鎌足を政治の中心となる参謀というべき内臣《うちつかみ》に任命した」。『私の日本古代史（下）『古事記』は偽書か―継体朝から律令国家成立まで』上田正昭、新潮選書、P174、

注：軽皇子《かるのみこ》は敏達天皇の孫で母は欽明天皇の孫にあたる。ウィキペディア、2021年9月5日（日）、17：28、

大化の改新、大化元年（六四五）から翌年にかけて中大兄皇子・中臣《なかとみ》、後の藤原鎌足が中心となって行った、蘇我氏打倒に始まる一連の政治改革。唐の律令制を手本として、公地公民制による中央集権国家建設を目的としたもの、皇族・豪族の私有地・私有権の廃止・地方行政制度の確立、班田収授の法の実施、租庸調などの統一的な税制の実施などをうたった改新の詔を公布。大宝元年（七〇一）の律令制の制定によってその政治制度は確立した。（weblio 辞書）

「新政府にとっての重要な課題は遷都の問題であった。対外交渉を積極化するためには、瀬戸内海ルートの出発点でありかつ終着点でもある難波の津（港）を整備して、長柄の豊崎（大阪市中央区法円坂のあたり）を都とすることとし、子代《こしろ》の離宮ともよばれた大坂市上町台地の西側の小郡宮《おごおりのみや》を宮居として本格的に難波京の整備にのりだす。そして長柄豊崎宮が完成したのは白雉三年（六五二）九月であった。正式に遷都したのは白雉二年（六五一）の十二月である」。『私の日本古代史（下）『古事記』は偽書か—継体朝から律令国家成立まで』上田正昭、新潮選書、P175、

「大化五年の政変に続いて白雉四年（六五三）には新政府が事実上分裂した。中大兄皇子は飛鳥の倭京への遷都を進言したが孝徳天皇はこれを許さず、前の大王皇極天皇・間人《はしひと》大后ほかの王族・貴族・官人らと共に、飛鳥川辺行宮《かりみや》への遷居を断行した。その決定的な理由はさだかでないが、朝鮮三国の動向が

からんで百済との外交を強化するか、唐・新羅との関係を密接にするか、外交の路線の対立がその背景にあったのではないか。〜、白雉五年の十月十日、孝徳天皇は孤独のままに難波京で崩御した。中大兄皇子が即位してもよいのに、智謀の中大兄は即位しないで、母である皇極天皇の重祚（斉明天皇）によって改新の政治を推進した。中大兄皇子にとっての目ざわりな存在は、孝徳天皇の遺児である有馬皇子であった。〜、有馬皇子と守君大石ら三人を逮捕させて、紀州の牟婁の湯へ護送した。中大兄皇子みずからが糾問したのにたいして、有馬皇子は無実を訴えたが、十一月十一日ついに藤白坂（和歌山県海南市の藤白の坂）で絞殺された。塩谷連鯯魚（コノシロ）は斬殺、守君大石や坂合部薬《さかいべのくすり》らは流罪となった」。『私の日本古代史（下）『古事記』は偽書かー継体朝から律令国家成立まで』上田正昭、新潮選書、P183、P184、

「六世紀以降、倭国（日本）の王権は高句麗・百済・新羅の朝鮮三国の王権との間に密接な交流を持ったが、私は、このなかでも日本と新羅は国家形成の過程をいわば雁行して進む構造的特徴を通有すると考えた。それは東アジアの中心的存在として力をもつ隋唐帝国にたいしてともに「周辺国家」または「辺縁国家」であったゆえであり、元来、類似する社会を基盤に有し、七世紀半ばには類似する政変などを起こしたが、七世紀後半の終わりに至って二国は分水嶺にさしかかり、分岐して別個の道を辿ることになったであろうと見通してきた。さらに、私は一九八二年以来、七世紀末の浄御原令《きよみはらりょう》、八世紀初めの大宝令にみられる国家（支配）機構に関する管制、学制などの諸制度や法規について、新羅の制度

の影響をいくつも窺われることを唱えてきた。ただし現在までのところ、日本律令が新羅律令を継受して成ったとは容易にいえず、そもそも新羅において成文法として独自の律令法典が備わっていたことも確証がなく、「律令」の実態が問われている。」『倭国史の展開と東アジア』鈴木靖民、岩波書店、P293、294、

（3）遣隋使

大正時代末期に確定された歴代天皇は初代神武天皇からかぞえて、倭の五王の最後の武、第二十一代雄略天皇、そして、史書で有名な第二十六代継体天皇、第三十三代推古天皇（女帝）へと続く。推古天皇の在期間は、五九三年一月十五日から六二八年四月十五日と言われている。この女帝の下に、聖徳太子は冠位十二階（推古天皇十一年（六〇七年）、十七条憲法（同十二年、六〇四年）を次々に制定して、法令・組織の整備を進めた。推古天皇十五年（六〇七年）、小野妹子を隋に派遣した。中国皇帝から政権の正統性を付与してもらう目的で、過去にもたびたび使節が派遣されていたが、初めて日本の独立を強調する目的で派遣された。（ウィキペディア、2021年7月31日（土）22：11更新、

「遣隋使も朝貢使であった。にもかかわらず倭国王が隋の皇帝から爵号・官職や軍号などを与えられ

た形跡はない。遣唐使の場合でも、倭国の大王・日本国の天皇が冊封のあかしとしての称号を賜与された例はない。大使などには、たとえば押使粟田朝臣真人《あわたのあそんまひと》が王宮の料理などを掌る礼部の司膳卿《しぜんけい》を与えられたように称号を賜与された例はかなりあるが、夷狄《いてき》のなかで倭国の大王や日本国の天皇が称号を賜与されていないのは重要である。それは、倭王武（雄略天皇）が昇明二年（四七八）に南朝宗の順帝へ上表して以後、推古天皇八年（六〇〇）の第一回の遣隋使派遣まで、中国に朝貢しなかった、冊封体制から自立したあらたな関係をめざした動きともかかわりをもつ」。『私の日本古代史（下）『古事記』は偽書か―継体朝から律令国家成立まで』上田正昭、新潮選書、Ｐ１３５、Ｐ１３６、

『隋書』（巻八十一・東夷、倭国）から、

「隋の文帝の開皇二十年（文帝、推古天皇八年、六〇〇年）、倭王がおり、姓は阿毎《あめ》、字は多利思比弧《たりしひこ》、阿輩雞弥《あほけみ》と号した。使を遣わして闕《けつ》（随都長安）に詣った。上（文帝）は役人にその風俗を訪ねさせた。使者がいうには「倭王は天を兄とし、日を弟としている。天がまだ明けない時に、出かけて政を聴き、あぐらをかいて座り、日が出れば、すなわち理務をとどめ、わが弟に委せよう、という」と。高祖（第一代文帝、五八一～六〇四在位）は「これはおおいに義理のないことだ」といって、訓（おし）えてこれを改めさせた。王の妻は雞弥《きみ》（后か）と号する。後宮に女が六、七百人いる。太子を名づけて利歌弥多弗利（和歌弥多弗利か、ワカミタヒラ・稚足、ワカミトホリ・若い御世嗣。ここでは聖徳太子）となす。城郭はない。『新訂　魏志倭人伝・後漢書倭伝　宋書倭国伝・随書倭国伝　中国正史日本伝（１）』

石原道博編訳、岩波文庫（青401―1）、P96、

注：『新唐書』（巻二百二十・東夷）日本、には、「その次は海達、その次の用明はまた目多利思比弧ともいい、隋の開皇（五八一～六〇〇年）末にあたる。この時はじめて中国と国交を通じた」とある。この目多利思比弧は第三十一代用命天皇だろうか、時代は推古天皇朝である。この推古天皇が使者を派遣したのではないかと思う（筆者）。

『新唐書』（巻二百二十・東夷）日本（現代語訳）、

「隋の文帝の開皇二十年（六〇〇年、推古天皇八年）、倭王で、姓は阿毎《あめ》、字《あざな》は多利思比狐《たりしひこ》、阿輩雞弥《あほけみ》と号している者が、隋の都大興（陝西省西安市）に使者を派遣して来た。文帝は担当の役人に倭国の風俗を尋ねさせた。使者はこう言った。「倭王は天を兄とし、太陽を弟としている。夜がまだ明けないうちに、政殿に出て政治を行い、その間、あぐらをかいて座っている。太陽が出るとそこで政務を執ることをやめ、あとは自分の弟、太陽にまかせようという」高祖文帝は、「それははなはだ道理のないことだ」と言って、倭国を諭してこれを改めさせた。倭国王の妻は雞弥《けみ》と号している。王の後宮には女が六、七百人いる。太子（聖徳太子、筆者）は名を利歌弥多弗利《りかみたふり》という。城郭はない。中央官の位階に十二等級がある。一を大徳といい、次は小徳、次は大仁《だいじん》、次は小仁、次は大義、次は小義、次は大礼、次は小例、次は大智、次は小智、次は大信、次は小信といい、人員に定数はない。軍尼は百二十人いるが、

これは中国の牧宰《ぼくさい》（筆者、国守）のようなものである。八十戸ごとに伊尼冀《いなき》を一人置く。これは隋の里長のようなものである。十人の伊尼冀が一人の軍尼に所属している。倭国の服飾としては、男子はスカート（裳《もすそ》、筆者）と肌着をつける。袖は筒袖である。履物は編んでつくった浅ぐつの形に似て、漆で固めてあり、足に紐でくくりつける。庶民ははだしが多い。金や銀を使って飾りをつけることは許されない。『魏志』倭人伝に記された当時は、ひと幅の布を横にまとい、結んでつなぎ合わせ、縫うことはなかった。また、頭に冠を載せず、ただ髪をみずらにして両耳の上に垂らしていただけだった。隋代になって、倭国王ははじめて冠の制度を定めた。冠は色織りの絹でつくり、金銀で綴った模様をつけて飾りとしている。婦人は髪を後ろで束ね、スカート（裳）と肌着を着けている。スカート（裳）にはみな縁どりがある。竹を細く裂いて櫛とし、草を編んで敷物とし、皮を織り込んで敷物の表とし、文様のある毛皮で縁どりをする。武器としては、弓・矢・片刃の刀・矛・弩《いしゆみ》・槍・斧がある。皮には漆をぬって鎧とし、骨で矢尻をつくる。軍備はあるけれども征服のための出兵はない。倭国王は、臣下を朝廷に集めるときは、必ずきちんと武装を整えた兵隊を整列させ、倭の音楽を演奏させる。倭の戸数は十万ほどである。倭国の習俗としては、殺人・強盗・姦淫は死刑、窃盗は、盗品と等価の者を償わせ、償う財産がないものは奴隷に落とす。その他の罪は、その軽重に応じて流刑にしたり、杖刑に処したりする」。〜〜、「楽器には、五弦の琵琶・琴・笛がある。男も女も、臂《ひじ》に入れ墨したり、顔に小さな印をつけたり、身体に入れ墨したりしており、潜水で魚を捕っている。文字はなく、ただ木に刻み目をつけたり、縄に結び目をつくったりして文字のかわりにしていた。仏教を敬い、百済から仏教経典を求め得るようになってからはじめて字をもった。占易《うらない》をすることを知ってはいるが、巫子の神おろしの方をより信ずる。毎年正月一日には必ず射的競技をし、酒宴を開く。その他の季節ごとの行事は、だいたい中国と同じである。倭人は、碁・双六・さいころばくちが好きである。気候は温暖で、草木は冬でも枯れることなく、緑をなし、地味は豊かで、川や湖が多く、陸地は少ない。首に小さな輪をかけ、紐をつけて鵜を水にもぐらせて魚を捕らえさせると、一日に百匹余りもとれる」。〜〜、「新羅・百済では、倭国は大国で珍しい物が多い国と考えて、両国とも倭国を畏《かしこ》みうやまい、常に使節を往き来させている」。『倭国伝　中國正史に描かれた日本　全訳注』藤堂明保ら、講談社学術文庫（２０１０）、Ｐ１９６、Ｐ１９７、Ｐ１９８、Ｐ１９９、

上田正昭氏は、「日本書紀」の編者が故意に削って収録しなかったと考えられる推古天皇八年（六〇〇）の遣隋使の言葉に、「倭王は天を兄とし、太陽を弟としている〜」に対して、倭王は推古天皇で、弟は聖徳天子（厩戸皇子、筆者）ではないかと述べている。『私の日本古代史（下）『古事記』は偽書かー継体朝から律令国家成立まで』上田正昭、新潮選書、Ｐ１２７、

『隋書』（巻八十一・東夷、倭国）、「隋の煬帝《ようだい》の大業三年（六〇七年）にも、倭国の王の多利思比孤《たりしひこ》が、使者を派遣して朝貢してきた。その使者が言うには、「大海の西方にいる菩薩のような天子は、重ねて仏教を興隆させていると聞きました。それ故に使者を派遣して天子に礼拝をさせ、同時に僧侶数十人

を引き連れて仏教を学ばせようと思ったのです」そして倭国の国書にはこうあった。「太陽が昇る東方の国の天子が、太陽が沈む西方の国の天子に書信を差し上げる。無事でお変りはないか……」煬帝はこの国書を見て不機嫌になり、鴻臚卿《こうろけい》にこう言った。「蛮夷からの手紙のくせに礼儀をわきまえておらぬ。二度と奏上させることのないように」。『倭国伝　中國正史に描かれた日本　全訳注』藤堂明保ら、講談社学術文庫（２０１０）、Ｐ１９９、Ｐ２００、

注：『隋書』倭国伝（石原道博偏訳）Ｐ９９には、「大業三年（煬帝、十五年・六〇七年）、その王多利思比孤が、使（小野妹子）を遣わして朝貢したとある。

『隋書』（巻八十一・東夷、倭国）、「翌大業四年（六〇八年）、煬帝は文林郎裴世清《ぶんりんろうはいせいせい》を使者として倭国に派遣した。裴世清はまず百済に渡り、竹島《ちくとう》（済州島の近くの多島海のどれかの島、不明とある）に至った。南方に耽《たん》羅国（済州島、儋羅とも言う、筆者）を望遠しながら、遥かな大海の中にある都斯麻《つしま》（対馬）国に至り、そこからまた東に航海して一支《いき》（壱岐）国に着き、更に竹斯《つくし》（筑紫）国に至り、また東に行って秦王国に着いた。秦王国の人々は中国人と同じである。それでそこが夷州（台湾、筆者）と思われるが、はっきりしない。また、十余国を過ぎて海岸に到着する。竹斯国から東の諸国はみな倭国に属する。倭国王は小徳阿輩台を数百人の伴揃えで派遣して、武装した兵隊を整列させ、太鼓・角笛を鳴らして隋使裴世清を迎えさせた。～～、倭国の都に到着すると、倭国王は裴世清と会見して大いに喜ん

で言った。「海を渡った西方に大隋国という礼儀の整った国があると、私は聞いていた。そこで使者を遣わして貢ぎ物を持って入朝させた。私は野蛮人であり、大海の一隅に住んでいて、礼儀を知らない。そのために今まで国内に留まっていて、すぐには会えなかった。今、特に道を清め、館を飾って裴大使を待っていた。どうか大隋国の新たな教化の方法を聞かせてほしい」裴世清は答えて言った。「皇帝の徳の明らかなことは日月と並び、その恩沢（恩徳をほどこす、筆者）は四海に流れ及んでいる。倭国王は隋の皇帝の徳を慕って教化に従おうとしているので、皇帝は使者を遣わしてこの国に来させ、ここに宣《の》べ諭させるのである」そこで、裴世清を案内して館に入らせた。その後、裴世清は人をやって倭国の王にこう言わせた。「隋朝から託された命令はすでに伝達した。どうかすぐに出発の用意をしてほしい」そこで倭王は宴会を開いて饗応し、裴世清を送り還した。また倭国の使者を裴世清に随行させて隋朝に土地の産物を貢納させた。この後、往来は絶えてしまった」。『倭国伝　中國正史に描かれた日本全訳注』藤堂明保ら、講談社学術文庫（２０１０）、Ｐ２００、Ｐ２０１、

注：秦王国について、「秦王国の人々は中国人と同じである。それでそこが夷州と思われるが、はっきりしない。また、十余国を過ぎて海岸に到着するとある。『倭国伝』の藤堂明保らの注釈には、不明、山口、広島県方面かとあり、新羅系の秦氏の居住地とも考えられるとある。また、『新訂　魏志倭人伝・後漢書倭人伝　宋書倭国伝・随書倭国伝　中国正史日本伝（１）』石原道博編訳（ｐ１００）には、厳島・周防、秦氏の居住地かとある。筆者は、梅原猛がいう出雲王国が、すなわち秦

王国であり、「倭国王は小徳阿輩台を数百人の伴揃えで派遣して」とあり、大和の倭国王は出雲地方まで派遣して、武装した兵隊を整列させ、太鼓・角笛を鳴らして隋使裴世清を迎えたのではと思うのだが。江上波夫は「当時は聖徳大使の時代で、大和の飛鳥には法隆寺はじめ立派な仏寺や宮殿があり、～、倭王の都を隋の使節がまるで中国だと驚嘆したとしても不思議ではない」としている。また、江上波夫は、「聖徳太子は周知のように、小野妹子を遣隋使として中国に遣わしたが、その書に「日出づるところの天子、日没するところの天子に書を致す、云々」とあったように、決して中国に対して卑下せず、中国は大国かもしれないが、日本も中国を宗主国とする東アジアの諸国とは違う、独立国だという意識をもっており、そうして自分たち天皇族の出目は、南部朝鮮を全体的に支配した騎馬民族の辰王国だ、という意識があったのに相違ない。小野妹子の帰国に従って日本にきた隋使の裴世清《はいせいせい》は、飛鳥の都の事を秦王（辰王）の国と謂っており、当時まだ天皇家を辰王朝として、その都を秦王（辰王）国と言っていたことが知られるのである。『騎馬民族国家　日本古代史へのアプローチ』江上波夫、中公新書（147）、P335、

「隋の大興城（長安城）が北朝からの名門貴族である李淵によって陥落したのは六一七年であり、李淵は煬帝の孫の恭帝を擁立したが、六一八年の五月には唐朝初代の皇帝高祖となった。次男李世民が二代太宗となったのは六二六年であり、六二八年には内乱のつづいた隋を完全に制圧して、世に「貞観の治」とよばれる安定政権を確立した。随から唐へ、唐朝成立の情報が倭国に伝わったのは推古天皇三十

一年（六二三）であった。新羅使と共に遣隋留学生・留学僧が帰国して隋朝から唐朝への推移を、実際に目撃した情報によって伝えたのである」。『私の日本古代史（下）『古事記』は偽書かー継体朝から律令国家成立まで』上田正昭、新潮選書、Ｐ１６７、

（４）遣唐使

第一回の遣唐使、「舒明《じょめい》天皇（第三十四代、筆者）は即位すると彦人大兄皇子の息子である茅渟（ちぬ）王と吉備姫王の間に生まれた宝皇女を大后とした。この宝皇女が後の皇極女帝（第三十五代、筆者）であり、重祚して斉明天皇（第三十七代、筆者）となった女人である。王統は完全に非蘇我系となった。そして即位の翌年（六三〇）に、第一回の遣唐使を派遣した。犬上御田鍬《いぬがみのみたすき》は推古天皇二十二年（六一四）六月の遣隋使であったが、翌年に帰国しており、中国への渡航は二度目である。」『私の日本古代史（下）『古事記』は偽書か―継体朝から律令国家成立まで』上田正昭、新潮選書、Ｐ１６６、Ｐ１６７、

『旧唐書』倭国日本伝には、「貞観五年（太宗、舒明三年・六三一）、使を遣わして方物を（地方の産物）を献じた。太宗（第二代、六二七―四九在位）は、その道の遠いことを哀れみ（いとしく思う）、相当

の役人に勅して、毎年の入貢をやめさせた。また、新州（広東新興）の刺史（州の長官）高表仁を遣わし、節《はたじるし》（羽・旄《ほう》牛＝からうしの尾の毛を編んで作った大将・使者などに賜る符信）をもってゆき、これを按撫《あんぶ》（安撫）させた。表仁は綏遠《すいえん》（未開の遠方・遠国を綏撫する）の才がなく、王子と礼を争い（倭国の王子といさかいを起こし、藤堂ら）、朝命を宣《の》べずに還った。（貞観）二十二年（孝徳大化四年・六四八）に至り、また新羅の使に託して表（君主や官符に奉る書）を奉じ、その紀居（動静・挙止）を通じた。『新訂　旧唐書倭国伝　宋史日本伝・元史日本伝　中国正史日本伝（２）』石原道博編訳、岩波文庫（青４０２―１）、Ｐ９４、『倭国伝　中國正史に描かれた日本』藤堂明保ら、Ｐ２０７

『新唐書』（巻二百二十・東夷）、（日本）「翌年（六六二年）、日本の使者が蝦夷人とともに唐に入朝してきた。蝦夷もやはり海中の島に住み、その使者はあごひげの長さが四尺ほどあり、矢をつがえて引きしぼり、耳にはさんで構え、人にひょうたんを頭上にのせて数十歩離れたところに立たせてそのひょうたんを射ると、百発百中であった。天智《てんじ》が死ぬとその子の天武が位を継いだ（その間の弘文天皇が抜けている、筆者）」。『倭国伝　中國正史に描かれた日本』藤堂明保ら、Ｐ２７１、

「新政府は東国のみならず東北から渡島（北海道）に居住した「蝦夷《えみし》」と呼んだ人びとの征圧に主力をそそいだ。大化三年（六四七）には渟足《ぬたりの》柵・翌年には磐舟柵（新潟県・村上市のあたり）を設け、柵戸とよぶ移民を置いて対蝦夷政策の拠点とした。～～、斉明朝の蝦夷征討について『日本書紀』には注目

すべき記事がある。～～、そして渡島の蝦夷らを召集して有間浜（青森県十三湊か）で饗宴したとする。同年七月には、蝦夷二〇〇余人が飛鳥の後岡本宮におもむいている。～～、蝦夷については、「山夷」・「田夷」と史料にみえるように、狩猟や農耕などに従事したが、青森県十三湊から出土した陶磁器群あるいは多賀城碑（天平宝字六年・七六二）の碑文の「靺鞨国《まつかつ》（朝鮮半島の北側から沿海州の地域）を去ること三千里にもうかがわれるように、海を介して海外の国々と交易をする「海夷」も存在した。『私の日本古代史（下）『古事記』は偽書か―継体朝から律令国家成立まで』上田正昭、新潮選書、P191、P192、

『新唐書』（巻二百二十・東夷）、（日本）には、「永徽《えいき》年間（六五〇～六五六年）の初め、日本国王の孝徳が即位し、改元して年号を白雉（六五〇～六五四年）と改めた折に、一斗桝ほどもある琥珀《こはく》と、五升入りの容器大の瑪瑙《めのう》とを唐に献上してきた。当時、新羅は高句麗と百済に侵されて損害を受けていた。そこで高宗は詔勅を下し、軍を発して新羅を救援させた。ほどなく、日本国では孝徳が死に、その子の天豊財《あめのとよたから》が位に継いだ（第三十七代斉明天皇、女帝、筆者）。斉明が死ぬとその子の天智（第三十八代・筆者）があとを継いだ」。『倭国伝　中國正史に描かれた日本』藤堂明保ら、P271、

「唐と新羅の連合軍によって、六六八年ついに高句麗が滅んだが、第六回の天智天皇（第三十八代・中大兄皇子、筆者）の河内直鯨《かわちのあたいくじら》らの遣唐使は高句麗の平定を祝賀する任務をおびていた（『新唐書』東

夷伝日本の条)。六三〇年の第一回から六六九年の第六回までの遣唐使を前期の遣唐使とするのは、第七回(七〇二)から第十五回(八三八)までの後期の遣唐使が唐との関係が、前期の遣唐使とは異なって比較的に安定しており、文化的性格が濃厚であったからである。前期の遣唐使の織りなした唐との関係がいかに不安定であったか、そしてまた留学僧が多く仏教文化などの導入という目的をもちながらも、他方できわめて政治的な性格をおびていたか、そうした点にも注目したい」。『私の日本古代史(下)上田正昭』新潮選書、P196、

第七章　中国・唐と南部朝鮮、そして、高句麗との戦い

『三国史記（百済本記）には、義慈王十三年（六五三）の八月、義慈王が「倭国に好《よしみ》を通ず」とする。『日本書紀』によれば白雉二年（六五一）・白雉三年には百済使・新羅使があいついで「調」を貢し、「物」を献じている。

六五一年の唐が新羅を援けて百済・高句麗を討つという政策を打ち出していた情報は、百済側からも新羅側からも倭国に伝わっていたに違いない。新羅の真徳女王は六四八年楽浪郡王に封じられて、「唐国の服」に改め、六五〇年には唐の年号を採用しており、六五一年に来朝した新羅使知万沙飡《ささん》（第八位）らが唐服を着用しているのを孝徳朝が「悪《にく》み、訶嘖《かせ》めて追い還す」という事態にもなっていた」。『私の日本古代史（下）『古事記』は偽書か－継体朝から律令国家成立まで』上田正昭、新潮選書、P193、

「百済は六四一年に即位した義慈王が大軍をもって新羅の四〇余城を攻め落として旧加那の地域を占領し、六四三年には豊璋を太子の位から退けて弟の禅広（善光）らと共に四〇余人を人質として倭に送り、ヤマト王権との同盟を強化しながら権力を独占した。高句麗は六四二年に泉蓋蘇文《せんがいそぶん》がクーデター

を起こして、栄留王ら一八〇人余を殺害し、宝蔵王を擁立して軍事と行政を独裁した。唐は六四五年の夏から十万の軍勢で高句麗を攻撃したが、高句麗はこれを反撃、六四七年、六四八年にも侵攻したが退却せざるをえなかった。新羅は百済の攻撃をうけて王族の金春秋《きんしゅんじゅう》が高句麗に援軍を求めたが逆に抑留され、六四三年には唐に百済・高句麗による侵略を訴えて出兵を要請したが、唐王朝から善徳女王を廃して唐の王族を王にするようにと提案される始末であった。六四五年唐に依存する和白《わはく》（貴族中心の合議体）の首位である上大等の毗曇《ひどん》が女王に退位を迫って挙兵したが、親唐ではあるが、あくまで自立をめざす金春秋・金庾信《きんゆしん》は毗曇らの勢力を鎮圧して、新女王（貞徳王）を立てて行政と軍事を分掌し、金春秋みずからが唐におもむき、たくみな親唐外交を展開した」。『私の日本古代史（下）『古事記』は偽書か―継体朝から律令国家成立まで』上田正昭、新潮選書、Ｐ１７１、Ｐ１７２、Ｐ１７３、

「六五〇年すでに新羅による百済の攻略は開始されていた。それをうけて六五一年に唐は新羅を公に支援することを表明した。百済が倭国と「好を通じた」翌年には、英傑金春秋が王となり（太宗武烈王）、開府儀同三司新羅王に封じられた」。『私の日本古代史（下）『古事記』は偽書か―継体朝から律令国家成立まで』上田正昭、新潮選書、Ｐ１９４、

（1）百済の滅亡と倭

「唐・新羅の連合軍が百済総攻撃を決行したのは六六〇年である。その年の六月唐の蘇定方《そていほう》は一〇万の軍を率いて百済へ向かうために山東半島から船団をくんで海を渡った。新羅王金春秋は陸路百済へと軍を進め、唐は五万の軍をもって援軍し、熊津城（公州）泗沘城（扶余）があいついで陥落し、百済の義慈王・王族や貴族は唐へ連れ去られた。唐は熊津都督府をはじめ五つの都督府を設けて百済の統治をこころみたが、都督や各地の行政官人には在地豪族を任命した。結果として百済の遺民たちが百済の復興をめざすのには好都合となった。六六〇年の十二月、唐は永徽《えいき》二年（六五一）の方針どおり、百済のつぎには高句麗を滅ぼすために、蘇定方らが大軍を率いて高句麗の王都長安（平壌）城へ向かった。百済の遺民はその間隙をねらって鬼室福信や余自信らが百済遺民を率いて各地で抵抗を続けることになる」。『私の日本古代史（下）上田正昭』新潮選書、P197、

「ヤマトの朝廷は斉明天皇六年（六六〇）の九月に百済滅亡の情報を入手、同年十月には福信の使者が救援を求め、舒明朝に「人質」として渡来していた王子豊璋《ほうしょう》を国王にするため帰国させるよう要請した」。『私の日本古代史（下）上田正昭』新潮選書、P197、

「六六〇年七月、新羅・唐の連合軍が百済を滅ぼすと、倭の外交政策は完全に破綻し、二国との対決は

必至となる。百済との伝統的な関係を媒介にし、あるいは敵対する新羅・唐からも先進的文化・制度を摂取して国家確立を務める倭王権にとって深刻な事態であった。六六一年と六六三年、死没した斉明に代わり中大兄（天智・六六八年まで即位せずに執政）が最高指揮権を握って臨戦体制がしかれ、二度にわたり百済遺民に応えて再興のための救援軍が編成・派遣された」。『倭国史の展開と東アジア』鈴木靖民、Ｐ２６４、

「中大兄皇太子らは百済救援を名目として出兵し、百済の再建をめざす決定をした。そこには唐と対決するなみなみなら決意があったと考えられる。軍備をととのえて斉明天皇七年（六六一）正月六日、斉明天皇みずからが北九州へと乗船して西征し、五月には朝倉橘広庭宮（福岡県朝倉市志波）に本営を設けた。この西征には多くの王族・貴族も同行した。〜、斉明天皇七年七月、ついに天皇は朝倉宮で崩御した」。『私の日本古代史（下）上田正昭』新潮選書、Ｐ１９８、

（２）白村江《はくすきのえ》の戦い

白村江の大敗、「天智称制元年（六六一）八月、天智天皇は前軍・後軍を編成し、九月、豊璋の帰国に護衛兵五〇〇〇余を与えた。帰国した豊璋を倭の水軍一七〇艘が援護し、豊璋が即位したのは六六

二年の五月であった。六六三年三月には、前将軍上毛野君稚《かみつけぬのきみわかこ》・中将軍巨勢神崎臣訳語《こせかんざきのおみおさ》・後将軍阿部引田臣比羅夫ら二万七〇〇〇人が新羅を攻撃した。「日本書紀」は近江の「犬上君馳せて兵事を高麗に告げて還る」としるしているが、倭軍は高句麗軍ともなんらかの連絡をしながら唐・新羅の連合軍に対峙したのだろう。ところが、六六三年六月、再建されたばかりの百済王権で内紛がおこり、名将鬼室福信が豊璋の命によって殺された。この内紛が悲劇のはじまりであった。六六三年の八月二十七日には唐の水軍一七〇艘が白村江（錦江）河口のあたりで倭の水軍を待ち受けて戦ったが、一時退却して好機をうかがい、二十八日再び会戦となったが唐の水軍が倭の水軍を挟み撃ちにして、倭国の軍勢は大敗した。死者多数・四〇〇艘が焼失した。この両日の戦いが、世にいわれる白村江の戦いである。国王豊璋は白村江におもむいていたが、敗北するや高句麗へ逃亡、百済最後の拠点周留城（洲柔・つぬ・城）も陥落した。最終的に百済の復興は達成できなかった。倭軍の兵力は約五万人におよび、その動員には西日本の豪族たちが数多く加わっていた」。『私の日本古代史（下）上田正昭』新潮選書、Ｐ２００、２０１、

「しかし、倭軍は白村江で大敗を喫し、外征は失敗した。百済救援の役後も、東アジアの情勢は厳しさをきわめた。唐は念願の高句麗征討に取りかかる」。～～、「倭の天智王権は～～、国内の防衛体制も強化した。対馬・壱岐・筑紫に防人と烽《とびひ》を置き、大宰府の前面に水域を造り、対馬から瀬戸内に至る要地に山城を築いた。～～、六六七～六六八年、唐軍は高句麗を襲ってこれを滅ぼす。時を同じくして六

六八年、新羅は倭と国交を再開した。『倭国史の展開と東アジア』鈴木靖民、P264、

「なお豊璋と共に「人質」となっていた王族余善光（禅広）は倭国にとどまり、持統朝に百済王の氏名を与えられた。法隆寺に伝わる持統天皇八年（六九四）の「造像記銅板」に「百済王在王此土王姓」（百済の王族が倭国で王姓を与えられている）とあるのが参考になる。そしてその子孫の百済王敬福（きょうふく）は陸奥守のおりに、東大寺大仏建造のため黄金九〇〇両（総計）を献じ、その孫の百済王明信（みょうしん）は右大臣藤原継縄《つぐただ》の妻となって尚侍《ないしのかみ》（宮中の温明殿にある内侍所の長官）となり、百済王氏は桓武朝廷の後宮に九人の女がはいり、そのひとりの教仁は太田親王を生むなど、延暦九年（七九〇）二月の詔には「百済王らは朕が外戚なり」としるされている。『私の日本古代史（下）』上田正昭』新潮選書、198、

『三国史記』によれば、文武王五年（六六五）八月、文武王と唐の使劉仁願《りゅうじんがん》・熊津都督扶余隆《ふよりゅう》（旧百済太子）との会盟にひきつづき、唐の劉仁軌《りゅうじんき》は新羅・百済・耽羅《たんら》（済州島の国、筆者）・倭人の四国の使節を率いて、唐の泰山で再び会盟したとある。これは百済討滅後、百済旧領土の支配権をめぐって対立していた諸国を、唐の仲立ちで和解させようとしたものである。これらの史料は『旧唐書』劉仁軌伝に詳しくみられるが、それによれば、これより二年前の六六三年に、四百隻の倭の海軍を白村江で破り、百済復興軍とともにいた倭人たちや耽羅の国使などがいっせいに降伏したといっている。さきに

あげた倭人の使節とは、『日本書紀』天智四年（六六五）の遣唐使守君大石《もりのきみおおいし》であるのか、ここに見える倭人たちの代表者なのか明瞭でない。天智紀の対唐外交記事は種々さしさわりがあったらしく、あまりはっきり書いていない。『唐書』などによれば、六七〇年に倭国から高句麗平定の祝賀使節が唐に来ている。ここで百済地方にいる倭人の抵抗と、白村江での倭兵との戦闘に関する大和朝廷の責任を唐から追及されたものらしく、その後三十数年間、日本の遣唐使派遣は中断したままになっている」。『古代朝鮮』井上秀雄、Ｐ２３０〜２３１、

注：『三国史記』：高麗十七代仁宗の命を受けて金富軾が選した、三国時代（新羅・高句麗・百済）から統一新羅末期までを対象とする紀伝体の歴史書。朝鮮半島に現存する最古の歴史書。一一四三年執筆開始、一一四五年完成、全五十巻。ウィキペディア・２０２１、９、３（金）

第八章　壬申の乱と天武天皇、新羅国との交流

（1）壬申の乱と天武天皇

天智天皇の太子・大友皇子に対し、皇弟・大海人皇子（後の天武天皇）が兵を挙げて勃発した。反乱者である大海人皇子が勝利するという、日本では例を見ない内乱である。名称の由来は、天武天皇元年が干支で壬申《じんしん》（みずのえさる）にあたることによる（ウィキペディア：二〇二一年七月二十三日（金）16：44）。六六一年八月から六六三年八月の白村江の戦いの社会不安、敗戦も「壬申の乱」の大きな要因となったのだろうか（筆者）。

「改新の政治をリードし、大津宮で即位した天智天皇はその十年（六七一）の十月十七日病状が悪化して重体となった。天智天皇は病床に大海人皇子を招いて後事を託したが、大海人皇子は陰謀によるものとしてこれを辞退し、天智天皇の大后である倭姫《やまとひめ》を天皇に擁立し、太政大臣であった大友皇子を皇太子にするよう進言して、みずからは出家して妃の鸕野（ろの?筆者）皇女を筆頭に側近の舎人らと共

に吉野宮へおもむいた。近江朝廷側では事態を深刻にうけとめ、太政大臣大友皇子を中心に左右大臣ほかの太政官メンバーが結束して誓約し、天智天皇の後継者は大友皇子ときめた。十二月三日、天智天皇はついに四十六歳で生涯をとじる。こうした内憂ばかりではない。十一月二日に唐の皇帝の使者郭務悰（かくむそう）が筑紫に来航して、新羅が唐に反抗し、唐が支配していた百済の旧領を侵攻して征圧、加えて高句麗の王族安勝を王に冊立（勅命によって皇太子・皇后を立てる事、筆者）したため、倭国も新羅を攻撃するよう要求してきたのだ。～、近江朝廷は天皇の喪中を理由に即答を避けたが、唐の高宗の国書を受理した以上、なんらかの対策をとらざるをえない。近江朝廷は諸国に人夫を動員して武器を持たせるよう徴兵令をだした」。『私の日本古代史（下）上田正昭』新潮選書、P225、P226、

「翌年（六七二）の五月、吉野宮にいた大海人皇子のもとへ、～、近江朝廷が天智天皇陵を造るために人夫を徴発して武器をもたせているとの報告が届く。～、『日本書紀』はそのような状況のなかで、大海人皇子がつぎのように語ったという。「位を譲り世を遁《のが》るる所以《ゆえん》は、独り病を治め身を全くして、永《ひたぶる》に百年《ももとせ》を終へむとなり（長生きして安らかに生涯を終ろうとするためである）。然るに今、已むこと獲ずして、禍を承《う》けむ。いかに黙して身を亡《ほろぼ》さむや（どうしてただ黙って身を滅すことができようか）と」。六月二十二日、ついに大海人皇子は挙兵を決意し、皇子の所領のある美濃（岐阜県）安八麻評の軍勢を掌握し、東山・東海の兵を召集して、近江と美濃を結ぶ不破道（国境、不破関）を抑えることを

舎人たちに命じて伝達させた。美濃へ無事に入るためには駅馬を利用する必要がある。そのためには駅馬の乗用証明書となる駅鈴《えきれい》を入手しなければならない。

〜、〜、天智天皇の東宮（皇太弟）であって、皇士の宣（皇位継承の第一順位、筆者）を告げ、鎌足病い（足関節内側変位、筆者）のおりの勅使ともなった大海人皇子がついに決起したのである。こうして大津宮にいる甥の大友皇子を倒し、大津宮を陥落させて皇位を実力で簒奪する壬申の乱が始まった。「壬申の乱」は、七月二十二日の大津宮の陥落、ついで逃亡した大友皇子が翌日山前《やまさき》（大津市長等山の山前説が有力）で自害、そして近江朝臣の重臣の死罪・流罪が実施されて終る。」『私の日本古代史（下）上田正昭』新潮選書、Ｐ２２６、Ｐ２２７、

（２）新羅国との交流

「新羅は六七六年、唐を戦いの末に駆逐し、三国（高句麗・新羅・百済、筆者）統一へと大きく前進する。倭の支配層の政治・外交・仏教を主とする文化摂取は、いやおうなく新羅中心の路線を歩むことになる。実際、天武朝から文武朝の七〇一年までの三〇年間、倭の外交は唐との往来はまったくなく、新羅とは上記の復交以後七〇〇年まで新羅使二五回、遣新羅使一〇回を数え、頻繁に交通する。こうした新羅との特別の関係は倭の社会統合、国家形成にとってきわめて重要な意義を持つ。支配層は必然的

に遣新羅使を介して新羅の文化・制度を受容せざるをえず、また新羅の使、わけても「国制奏請」の使を通じてその国情を知ることができた。これらの機会を通じて、唐制のほか、新羅の国制を規定する唐風化した諸制度の継受も行ったとみなされる」。鈴木靖民、『倭国史の展開と東アジア』Ｐ２６６、

第九章　倭国から国号・日本へ、そして律令国家成立

（1）倭国から国号・日本へ

「こうして七世紀後半における政変・外征・内乱は、親百済から一時的な親唐へ、そして親新羅へという外交政策の変化を引き起こし、それが国制や文化の受容・発展に敏感に反映して時代ごとに特色ある国家形成の諸局面を現出した。～～倭における六七〇以降と思われる日本という国号、天皇という君長号の成立はその表徴である」。『倭国史の展開と東アジア』鈴木靖民、Ｐ２６７、

「日本国家の成立は、正式に日本国という国号を内外に名乗った時が、そのメルクマールとなる。～、「日本」という国号は、いつころから使われるようになったのだろうか。私見（上田正昭氏、筆者）では白村江の大敗北、そして壬申の乱における皇権の最大の危機を乗りこえた天武朝がその時であったと考えている。～、『隋書』東夷伝・倭国の条に、大業三年（六〇七、推古天皇十五年）の国書に「日出づる処の天子、書を日没する処の天子に致す」とあるのを、日本の用例とみなす説があるが、それは

尚早の見解である。～、「日本」という国号の明確な史料としては、『旧唐書』東夷伝倭国の条に「日本国は倭国の別種なり、その国日辺に在るを以て、故に日本を以て名と為す。或ひは曰く、倭国自らその名雅《みや》びならざるを悪《にく》み、更《あらた》めて日本と為す」とあるのが注意される。しかし日本という国号がいつごろから使われたかについては、なんら言及されていない。『旧唐書』についで注目されるのは、『新唐書』東夷伝日本の条である。そこに咸亨元年（六七〇）に「使を遣はして、高麗（高句麗）を平ぐを賀す、後稍（やや後）夏音《かおん》（中華の音）に習い、倭の名を悪み、更めて日本を号す。使者自ら言う、国日出づる処に近し、以て名と為す」としるす。この咸亨《かんてい》元年の遣唐使は、『日本書紀』の天智天皇八年（六六九）是歳の条にのべる河内直鯨を代表とする一行であり、翌年入唐している。この『新唐書』の文によれば、咸亨元年（天智天皇九年）の頃から日本という国号を用いたことになる。この『新唐書』などの所伝をうけて、『三国史記』の新羅本紀文武王十年（六七〇）十二月の条には、『倭国更めて日本を号す。自ら言う、日出づる処に近し、以て名と為す』とのべている。こうした史料によって、日本という国号の具体化の上限は六七〇年であり、その下限は「大宝律令」完成の七〇一年ということをみさだめることができる。『私の日本古代史（下）』上田正昭　新潮選書、Ｐ２４３、Ｐ２４４、

『新唐書』（巻二百二十・東夷）、日本「咸亨《かんこう》元年（六七〇年）、日本は唐に使者を遣わして、唐が高句麗を平定した（六六八年）ことを慶賀した。その後日本人は、しだいに中国語に習熟し、倭という呼び名をきらって日本と改号した。使者がみずから言うに、「わが国は太陽の出る所に近いから、それで国

名としたのだ」と。またこうゆう説もある。「日本は小国だったので、倭に併合され、そこで倭が日本という国名を奪ったのだ」使者が真相を語らないのでこの日本という国号の由来は疑わしい」。「長安元年（七〇一年）、日本の国王に文武が立ち、大宝と改元した。文武は、朝臣真人粟田《あそんまひとあわた》を遣わして日本の産物を唐に朝貢させた。朝臣真人とは、ちょうど唐の尚書《しょうしょ》（中国の官名、文書の授受をつかさどる）のような役である。粟田《あわた》は進徳冠をかぶり、冠の頂には四本の花飾りがあり、紫の上着を着、しろぎぬの帯をしめている。真人は学問を好み、文章を書きつらねることができ、物腰が美しかった。即天武后は彼を麟《りん》徳殿に招いて宴を開き、司膳卿の位をさずけたうえで帰国させた」。〜、開元年間（七一三年〜七四一年）の初め、粟田は再び来朝し、唐の儒者たちから経典の字を教えてもらいたいと願いでた。〜、粟田の副使として来朝した朝臣仲満《あそんなかまろ》（阿倍仲麻呂、筆者）は、中国を慕って帰国を承知しなかった。彼は姓名を中国風に変えて朝衡《ちょうこう》と名乗り、左補闕・儀王の学友を歴任し、広く知識をそなえ、長期滞在したのちにやっと帰国した。聖武が死んで、その娘の孝明が位を継ぎ、天平勝宝（七四九年）と改元した。天平十二年（七五三年）、朝衡は再び来朝し、そのまま住みついて、上元年間（七六〇〜七六二年）には左散騎常侍・安南都護に抜擢された。当時新羅《しんら》が海路を封鎖したので、日本は航路を変更して明州・越州経由で朝貢するようになった。〜〜、また、建中元年（七八〇年）、日本国の使者の真人興能《おきよし》が国の産物を献上した。真人とは、おそらく官名を氏《うじ》とした者であろう。興能は書にすぐれており、かれの用いる日本産の紙は、蚕の繭に似てつやがあり唐の人ははじめて眼にするものであった。貞元年間（七八五〜八〇五年）の末、日本国王は桓武といい、使者を遣わして来朝させた。使節団の中にいた学士の橘逸勢《たちばなのはやなり》と仏僧の空海は、そのまま唐に残留して学問を修得したいと望んだ。それから二十年以上たって、日本国の使者の高階真人《たかしなのまひと》が来朝した（八〇六年）。そして、橘逸勢たちといっしょに帰らせてほしいと願い出た。憲宗は「よろしい」と詔した。～、（次次と天皇の名が続く）、仁明（第五十四代、筆者）は、開成四年（八三九年）にまた唐に入唐した。その次は文徳《もんとく》、その次は清和、その次は陽成《ようぜい》である。その次の光孝《こうこう》が即位したのは、わが光啓元年（八八五年）にあたる。日本国の東海の島々の中には、邪古《やこ》・波邪《はや》・多尼《たに》の三つの小国の王がいる（不詳、筆者）。日本国の周囲は北は新羅と海をへだて、西北は百済《ひゃくさい》と海をはさんで向き合い、西南は越州の方角にあたる。日本には絹糸や綿を産し、めずらしい物があるということである」。『倭国伝　中國正史に描かれた日本』藤堂明保ら、P272、P273、P274、

（2）律令国家成立

日本は、国内の統一をめぐって、様々な変革があった。その一つは、仏教の伝来であり、推古天皇（第三十三代・女帝）に庇護された聖徳太子が様々な改革方針を打ち出し、大化の改新へ、そして、壬申の乱を経て、藤原不比等がその頂点となり、大宝律令制定、今後の日本の方針政策を下したのである。

　歴代天皇を見てみると、「乙巳《いっし》の変」のあと第三十七代・斉明《さいめい》天皇（皇極天皇、女帝）から、第三十八代・天智《てんぢ》天皇（中大兄皇子）へと継承され、又その後、天智天皇の第一皇子（大友皇子）が第三十九代・弘文天皇となり、「壬申の乱」を経て、叔父の大海人皇子が第四十代・天武天皇となる。

「天武天皇はその治世十四年の間に一人の大臣も任命しなかった。天皇みずからが実権を掌握し、御史大夫を納言と改めたが、その権限は大臣におよばない。そして天武天皇の皇子たちを中心とする皇親政治を実施した。近江令の官制を基本的には継承して、天武天皇二年（六七三）から九年の間に、官人の登用、公戸への課税や出挙《すいこ》（利息付きの貸借。官の公出挙《くすいこ》と民間の私推挙があった）など、政治のなかみを充実していった。」『私の日本古代史（下）』上田正昭　新潮選書、Ｐ２７６、

「天武天皇十年（六八一）は天武朝にとっての重要な年であった。正月二日に天つ社・国つ社の神々に幣帛《みてぐら》（お供えもの）を献じ、二月二十五日には「更に律令を定め、法式を改め」るとの詔を発布し、天武天皇と鸕野《うの》皇后（後の持統天皇、第四十一代、筆者）の間に生まれた草壁皇子を皇太子に任命した。その二年前の天武天皇八年の五月五日、天武天皇は鸕野皇后・草壁皇子・大津皇子・高市皇子・川島皇子・忍壁《おさかべ》皇子・芝基《しき》（施基）皇子をともなって、かっての壬申挙兵の地吉野宮へおもむく。そして翌六日には「今日、汝らと倶に庭に盟《ちか》ひて、千歳の後に、事無からしめむと欲す」と、六皇子らに盟約せしめた。その盟約とはなんであったか。高市皇子は天武天皇の皇子で壬申の乱で軍事司令官として活躍

したとはいえ、母は胸形君徳善の娘（尼子娘）であった。川島皇子、芝基皇子はともに天智天皇を父とするが、母は忍海造小竜《おしみのみやつこおたつ》の娘、〜であり、忍壁皇子は天武天皇の皇子とはいえ、母は宍人臣大麻呂の娘（かじひめのいらつめ）であった。いずれもその母は皇女ではなかった。皇女を母とするのは、鸕野皇后の生んだ草壁皇子と鸕野皇后の姉大田皇女の生んだ大津皇子とであった。〜、大田皇女・鸕野皇女はともに天智天皇の娘であった。ところが姉の大田皇女は、天智天皇六年（六六七）に、はかなくも病没した。」『私の日本古代史（下）』上田正昭　新潮選書、Ｐ２７６、Ｐ２７６、

「天武天皇の崩後、宮居の南庭に殯宮《もがりのみや》が営まれて、九月二十四日から二年三か月におよぶ殯宮の葬儀がはじまった。『日本書紀』は「是の時に当たりて、大津皇子、皇太子を謀反《かたむ》けむとす」としるす。〜、朱年元年十月二日、大津皇子をはじめ三十余人が逮捕された。そしいて翌日尋問もないまま大津皇子ひとりが死罪となる」。『私の日本古代史（下）』上田正昭　新潮選書、Ｐ２７９、

「持統天皇は草壁皇子と天智天皇の皇女阿陪（閇）皇太子妃（後の元明天皇）との間に生まれた軽皇子を、持統天皇十一年（六九七）二月に皇太子とし持統天皇が譲位して、同年八月一日に軽皇子は即位して文武天皇（第四十二代、筆者）となった。「明日香浄御原令《きよみがはらりょう》（筆者）」の編纂が草壁皇子の任命と同時に実施されたように、「大宝律令」もおそらく軽皇子就任のころから編纂が開始されたのであろう。」『私の日本古代史（下）』上田正昭　新潮選書、Ｐ２８１、

「大宝律令」は日本史上最初の本格的律令法典で、七〇一年に、制定・施行された。律令編纂に中心的な役割を果たした藤原不比等は、その後、大納言・右大臣へ昇進し平城京遷都にも大きな役割をして、政府の中心において最大の権力者となり、藤原氏繁栄の基盤を作った。律令制定にともなった、正史日本書紀の編纂、風土記の撰上、度量衡の制定、銀貨の鋳造などが行われた。

「「大宝律令」は大宝元年（七〇一）には完成し、翌年から実施されたわが国の古代法を代表する法律である。その内容は刑罰法である律六巻と民法や行政法などの令一一巻であった。藤原不比等は刑部《おさかべ》親王らとともに「大宝律令」の編纂に加わり、新令にもとづいて正三位大納言となった。持統太上天皇が崩じたのは、大宝二年（七〇二）の十二月二十二日であったが、享年五十八歳の生涯はまさしく「大宝律令」の施行を見守って、事実上律令国家としてのかたちをつくるための日々であったといってよい。『私の日本古代史（下）』上田正昭　新潮選書、Ｐ２８２、

注：刑部《おさかべ》親王、忍壁《おさかべ》皇子ともいう、天武天皇の第九皇子。

「大宝律令」を修正したのが「養老律令」だが、「養老令」の完成を養老二年（七一八）とする通説は疑問である。なぜなら笏（しゃく、帯の間にさしはさむ板、大事なことを忘れないように書きつけたも

の、筆者）を持つ官人把笏が規定されたのは養老三年二月であり、衛門府の医師が置かれたのは養老三年九月から、兵衛府の医師が設けられたのは養老五年六月からなのに、「養老令」にそれらが記載されているからである。私が著書や論文で「養老律令」の完成を養老年間としているのはそれなりの理由がある。～、「養老律令」の編纂にも不比等が勅令をうけて関与したことがわかる。左大臣や太政大臣への昇進を要請されても、右大臣にとどまってナンバーツーの地位でありながら、律令国家の完成を実質的に推進した藤原不比等は、まさに日本国家を成立させた実力者であり、巨人であった」。『私の日本古代史（下）』上田正昭　新潮選書、Ｐ２８３、２８４、

注：藤原不比等、中大兄皇子《なかのおおえ》、後の天智天皇とともに大化改新を断行した中臣鎌足《なかとみかまたり》、後の藤原鎌足の次男、天智天皇の落胤とも書かれている。ウィキペディア、２０２１年９月６日

付記、「上田正昭氏は、『日本書紀』は名目上は舎人親王の撰となっているが、実際に選集したのは藤原不比等である可能性が高いことを主張している。学識豊かで慎重な上田氏が、多くの歴史家の通説に反してこのような主張をするのは勇気があることであると私は思う。しかし両氏（上山春平氏の『埋もれた巨像　国家論の試み』、筆者追加）のいうように、『日本書紀』の選集に不比等が深くかかわっているとすれば、『日本書紀』よりも藤原氏の意図が強く込められた神話が記されている『古事記』には、いっそう不比等の手が入っていることになる。『古事記』選集に従事したのは、稗田阿礼と太安麻呂の

みである。『古事記』の「序」において、太安麻呂は「稗田の阿礼が誦《よ》める勅語《みことのり》の旧辞を選録して献上《たてまつ》らしむ」とある。この言葉を素直に読めば、『古事記』は、稗田阿礼が口述したものを太安麻呂が書きとめ、それを読むに堪える文章にしたものであると考えられる。太安麻呂は壬申の乱で大功績を立てた多品治《おおのほむじ》の息子であり、多氏としては異例の出世を遂げた人物である」。〜、太安麻呂については多少の謎があったが、昭和五十四年（一九七九）一月二十日、奈良市此瀬町から太安麻呂の遺骨と墓誌が発見された。〜、〜、

太安麻呂が異例の昇進を遂げたのは、藤原不比等が政権の中心にいたときである。安麻呂が正五位以下から正五位上に昇進した和銅四年四月七日は、安麻呂に『古事記』選集の命が下った和銅四年九月十八日の五か月ほど前である。そして彼が正五位上から従四位下に昇進したのは和銅八年で、『古事記』選集の功績によるものであると考えられる。そして霊亀二年、氏長を拝命し、それによって三位以上にしか許されない公墓を営むことが許される。それは、『古事記』選集の仕事を終え、『古事記』に記された歴史観をもとにして、舎人親王を名目の長とし、実質上の長を藤原不比等とする公的な日本最初の歴史書『日本書紀』選集の事業における彼の労を期待したものであるとも考えられる。このような墓誌の発見によって太安麻呂という人物の存在が確定され、彼が『古事記』及び『日本書紀』選集に功績を立てた、藤原不比等の寵臣の一人であったらしいことがほぼ明らかになった。しかし、安麻呂に、国家の歴史書の中に藤原氏の政権独占への意思を強く盛り込む神話を作る意思や権限があったとは思われない。『古事記』序にあるように、これは「稗田阿礼が誦んだ旧辞」すなわち稗田阿礼が語った昔話を

書きとめた書物にすぎないのである。藤原氏の政治的意思を露骨に表現しているような昔話を語ったのは、間違いなく稗田阿礼であった。このような物語を語ろうとする強い意志をもっているのは、藤原氏の権力者は藤原不比等である。ここにきて稗田阿礼は藤原不比等と重なり、阿礼は不比等ではないかという疑いが生じるのである。」『葬られた王朝　古代出雲の謎を解く』梅原猛、新潮社、P258、P259、P260、P261、

注：舎人《とねり》親王、第四十代・天武天皇の皇子、第四十七代・淳仁（淳仁）天皇の父、天武天皇の諸皇子の中で最後まで生き残り、奈良朝時代初期に長屋王とともに皇親勢力として権勢を振るう。『日本書紀』の編集も総裁した。ウィキペディア、2021年7月30日（金）21：49、

あとがき

倭国・日本の歴史を書き終えて、まだまだ、不完全で、未吸収な部分が多々あるのではと考えている。国家形成過程には、それぞれの過程での権力闘争があり、また、強大な先進国である中国との冊封体制を求めて、倭の五王は権力拡張を図ったのである。そして、その意図は挫折した。また、国内では時代ごとに、その時代に応じた首長者、そして、最大のそれは日本国天皇だが、その権力移譲、獲得には多大な犠牲、そして、同族間・兄弟間の闘争・犠牲の歴史があった。大変な驚きである。

また、高校を卒業した日本人なら誰もが知っている日本の原典、古事記の著者は太安万侶、稗田阿礼である。そして、太安万侶の墓が確認され、その実在が確認された。しかし、稗田阿礼の名前が、藤原不比等と重なってくるとの梅原猛の説には、説得性があり、この書を書いた大きな支えの一つでもある。

近代では、戊辰戦争・明治維新を経て、日本は日清・日露戦争、第一次世界大戦を経て、一般庶民を巻き込んで、多大な犠牲を払い、第二次世界大戦の敗北を経験し、現在に至っている。日本の歴史を知り、学ぶ、そこに明るい未来が見渡せる。

令和4年1月、筆者

【著者紹介】

山崎震一（やまざき・しんいち）

1957年　千葉県立東葛飾高等学校卒業。
1963年　日本医科大学卒業。
　　　　NTT東日本関東病院インターンを経て
1964年　日本医科大学第二外科入局、助手。
1971年　同大学医学博士。
1972年　山崎外科内科開業。
　　　　日本外科学会（前）認定医、日本大腸肛門学会、
　　　　日本消化器内視鏡学会（前会員）

〈業績〉「皮膚移植片の対外培養の研究」『移植』vol.6 No.2 X p122、1971
　　　　原著「日本人の大腸の長さと内径に関するX線学的研究」『日本大腸肛門学会雑誌』vol.47. No.1、1994、他多数。

〈著作〉『アーネスト・サトウの見た明治維新』eBooks、2014年3月
『明治維新を見た外国人　アーネスト・サトウのその後を追う』eBooks、2014年3月
『ウイリアム・ウイリス伝―薩摩に英国医学をもたらした男』書籍工房早山、2019年1月

倭・倭の五王
神話の世界から律令国家成立へ

2023年3月31日発行　　著　者　山崎震一
発行者　向田翔一

発行所　株式会社 22世紀アート
〒103-0007
東京都中央区日本橋浜町 3-23-1-5F
電話　03-5941-9774
Email: info@22art.net　ホームページ : www.22art.net

発売元　株式会社日興企画
〒104-0032
東京都中央区八丁堀 4-11-10 第 2SS ビル 6F
電話　03-6262-8127
Email: support@nikko-kikaku.com
ホームページ : https://nikko-kikaku.com/

印刷
製本　株式会社 PUBFUN

ISBN : 978-4-88877-182-5